옷과 음식에도 **단위**의 비밀이 있다고?

2022 개정 수학 교과 대비

실생활 속 숨어 있는 수학의 재발견 ❹
옷과 음식에도 단위의 비밀이 있다고?(개정판)

2판 1쇄 발행 2024년 2월 15일

글쓴이 이정
그린이 김석
펴낸이 이경민
펴낸곳 ㈜동아엠앤비
출판등록 2014년 3월 28일(제25100-2014-000025호)
주소 (03972) 서울특별시 마포구 월드컵북로 22길 21, 2층
전화 (편집) 02-392-6901 (마케팅) 02-392-6900
팩스 02-392-6902
전자우편 damnb0401@naver.com
SNS

ISBN 979-11-6363-776-9 (74410)
　　　979-11-6363-772-1(세트)

1. 책 가격은 뒤표지에 있습니다.
2. 잘못된 책은 구입한 곳에서 바꿔 드립니다.

 도서출판 뭉치는 ㈜동아엠앤비의 어린이 출판 브랜드로, 아이들의 지식을 단단하게 만들어 주고, 아이들의 창의력과 사고력을 키워 주어 우리 자녀들이 융합형 창의 사고 뭉치로 성장할 수 있도록 좋은 책을 만들겠습니다.

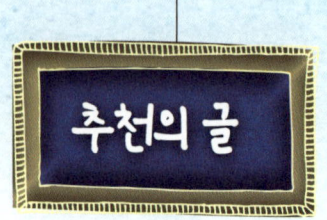

추천의 글

　수학은 생활 속 어디에나 존재합니다. 우리는 일상 속에서 다양한 숫자 표현과 함께 살아가고 있습니다. 생활과 밀접하게 맞닿아 있는 수학이지만 많은 사람은 특별한 기호와 수식 때문에 수학을 어렵다고 느낍니다. 기계적인 문제 풀이 위주로 수학을 암기하듯 공부한 탓도 크지요.

　격변하는 시대와 상관없이 늘 수학을 잘하는 학생들이 있습니다. 그들은 교육과정이 어떻게 바뀌더라도 수학을 잘합니다. 이러한 아이로 키우기 위해서는 어떻게 해야 할까요? 앞서 말한 문제 풀이 위주의 암기식 수학에서 벗어나야 합니다. 개념을 확실히 이해했는지 알기 위해서 우리는 보통 문제를 풉니다. 그러나 많은 학생이 개념보다 문제 풀이를 외웁니다. 당장 한 문제는 더 풀 수 있을지는 몰라도, 이렇게 암기하는 방식은 수학을 재미없게 하고 어렵게 하여 결국은 수학을 포기하게 합니다.

　개념이 자기 것이 되면 어떠한 수학 문제도 어렵지 않고 재미있게 풀 수 있습니다. 개념을 익히는 과정이 실생활과 연관된다면 더욱 쉬워지겠죠?

〈실생활 속 숨어 있는 수학의 재발견〉 시리즈는 교통, 스포츠, 음식과 패션, 자연, 건축과 같은 실생활 이야기를 주제로 삼아 수학과 융합하여 실질적인 개념을 잡아 주고 수학에서 가장 중요한 사고력을 길러 줍니다. 주인공을 따라 생활 속에 숨어 있는 수학을 찾아내며 여행하다 보면 어느덧 여러 가지 호기심이 생기고, 멋진 것을 자유롭게 상상하게 하여 논리적 사고력과 창의적 문제 해결력이 자라게 될 것입니다.

〈실생활 속 숨어 있는 수학의 재발견〉 시리즈가 어떠한 수학 교육 패러다임의 변화에도 자녀와 학부모가 즐겁게 소통할 수 있는 가교 역할을 하기를 기대하면서 이 책을 추천합니다.

신현용
한국교원대학교 수학교육과 명예교수
ICME-12(제12차 국제수학교육대회) 조직위원장

작가의 말

　세상은 어떻게 바라보느냐에 따라 다양하게 보일 수 있어요. 물이 반만 있는 컵을 보면서 '애걔, 물이 반밖에 없네?'라고 말할 수도 있지만 '아직 물이 반이나 남았네!'라고 생각할 수도 있죠. 이렇듯 같은 것을 어떻게 보느냐에 따라 세상은 다르게 인식돼요.

　어린 학생들에게 '수학'에 대해 말했을 때 눈이 초롱초롱해지면서 흥미를 보이는 아이가 있는 반면, 어떤 아이는 눈살을 찌푸리면서 싫어할 수도 있어요. 그런데 수학이라는 것이 내가 싫다고 없어지는 것도 아니고, 좋다고 쉬워지는 것도 아니랍니다. 수학은 특히나 생각을 해야 하는 학문이기 때문에 분명 여러분이 힘들게 느낄 수 있어요. 하지만 어려운 수학, 힘든 수학을 해내는 기쁨을 알게 된다면 수학에 대한 스트레스가 줄지 않을까요?

　수학을 즐기는 방법 중 하나는 바로 수학으로 세상을 바라보는 거예요. 즉, '수학 안경'을 쓰고 보면 세상에 재미난 것들을 많이 볼 수 있어요. 바로 이 책이 '수학 안경'을 쓰게 하는 책이랍니다.

　자신의 눈에 맞지 않는 안경을 쓰면 눈이 뱅글뱅글 돌겠지요? 이 책은 알의 두께가 아주 얇은 수학 안경을 씌워서 눈이 뱅글뱅글 돌 정도의 수학을 보여 주지는 않아요. 수학이 살짝 묻어 있는 음식과 패션에 대해서 '정말 이렇게 보니까 수학이

보이네!'라는 생각이 들 수 있도록 가벼운 수학이 담긴 책이죠.

  음식의 경우, 음식 요리법(레시피)을 통해서 규칙과 비에 대해서 알아보고, 음식 재료를 사는 것을 통해 단위에 대해 공부한답니다. 수학을 이용한 간단한 설명을 통해 요리에 수학이 어떻게 이용되고 있는지를 보여 주고 있지요. 패션의 경우, 다양한 무늬와 옷의 치수를 통해 도형으로 된 무늬와 측정에 대해서 수학이 어떻게 이용되었는지를 가볍게 살펴봐요.

  저자는 수학을 어려워하거나 힘들어하는 학생들도 수학에 대한 거부감을 느끼지 않도록 노력하며 이 책을 썼어요. 음식과 패션 속에 있는 수학을 보면서 우리가 수학을 하고 있지 않다고 생각하지만 실제로는 수학을 하고 있다는 것을 느낄 수 있게 했어요. 그러면서 '수학 안경'을 쓰고 보면 수학이 의외로 많은 곳에 숨겨져 있다는 것을 느낄 수 있도록 했지요.

  이 책을 통해 여러분이 수학으로 세상을 보면 안 보이던 것도 많이 볼 수 있다는 것을 알게 되기를 바라요. 그렇게 안 보이던 게 보이면 세상에 대해 새롭게 생각할 수 있기 때문이에요.

실생활과 수학을 연결하는 마법 같은 책

　2015 개정 교육과정부터 창의융합형 인재를 양성하기 위해 핵심역량이 소개되고 반영되었습니다. 2015 수학과 교육과정에서 강조하고 있는 '창의·융합'은 타 교과나 실생활의 지식을 수학과 연결하여 새로운 문제를 해결하는 능력으로서 특히 수학 과목의 경우에는 여섯 가지 수학 교과 역량(문제 해결, 추론, 창의·융합, 의사소통, 정보 처리, 태도 및 실천)으로 제시되어 있습니다. 그중 '태도 및 실천'은 '수학의 가치를 인식하고 자주적 수학 학습 태도와 민주 시민 의식을 갖추어 실천하는 능력'입니다.

　그런데 2022 개정 교육과정에서는 6개였던 교과 역량이 5개로 통합되었습니다. 태도 및 실천, 창의/융합 역량이 '연결' 역량으로 통합된 것입니다. 즉 문제 해결, 추론, 의사소통, 정보처리, 연결 능력입니다.

　영역이나 학년군 내용 간에 관련된 수학의 개념, 원리, 법칙 등을 유기적으로 연계하여 새로운 지식을 생성하면서 창의성을 기르게 하고, 수학과 실생활, 사회 및 자연 현상, 타 교과의 내용을 연계하는 과제를 활용하여 수학의 유용성을 인식하도록 태도 및 실천과 창의 융합이 '연결'로 통합된 듯합니다.

　〈실생활 속 숨어 있는 수학의 재발견〉 시리즈는 바로 이런 능력을 집중적으로 키워 줍니다. 우리는 수 없이는 살 수 없는 세상에서 실생활과 수학이 얼마나 깊은 관계를 맺고 있는지를 느끼는 것이 중요합니다. 특히 지루하고 고리타

분한 주제에서 벗어나 생활 속에서 실질적으로 유용하게 받아들일 수 있는 정보를 수학과 융합했다는 것이 이 시리즈의 가장 큰 장점입니다.

이 시리즈에서는 여러분 또래가 주인공인 흥미진진한 이야기가 펼쳐집니다. 주인공을 따라 여러 에피소드를 겪는 과정에서 자칫 지루하거나 어렵게 느껴졌던 수학이 술술 읽히는 것을 발견하게 될 것입니다.

표지판을 통하여 수의 범위를 알아보고 부산 광안대교로부터 평행을 공부하는 '교통', 롯데월드타워와 큐브 하우스 등 독특한 건축물에서 수학을 이끌어 내는 '건축', 토너먼트와 리그전의 원리를 수학으로 풀어내는 '스포츠', 어른 옷과 아이 옷의 치수가 다른 이유를 수학적으로 알아보는 '음식과 패션', 날짜 변경선으로 시간의 덧셈과 뺄셈을 공부하는 '자연' 등 수학과 융합된 생활 속 이야기들이 정말 신선하고 다채롭지 않나요?

실생활 속 수학이 다양한 방법으로 융합될 수 있다는 것을 깨닫는 과정을 통해 수학적 문제 해결력이 늘어나게 되겠죠. 여러분도 이 시리즈를 통해 생활 곳곳에 숨어 있는 수학적 문제를 발견하는 습관을 갖고, 이를 해결하는 과정 속에서 2022 개정 교과과정에서 필요한 수학적 역량을 키울 수 있을 것입니다.

편집부

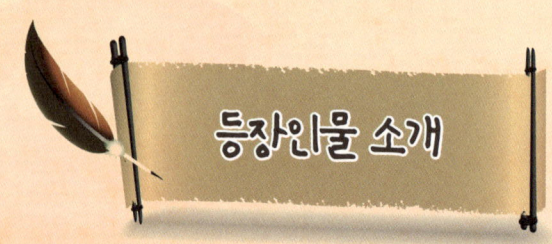

등장인물 소개

지현

초등학교 4학년 학생으로 키는 130cm 정도에 약간 통통한 체형이에요. 파란색을 특히 좋아하고, 고집이 있지만 자기가 이해한 것에 대해서는 수긍할 줄도 아는 아이랍니다.

아빠

수학 선생님이에요. 수학을 전공하여 수학밖에 모르고, 수학 이외의 정보는 주로 인터넷 검색을 통해 얻어요. 덕분에 검색 실력도 뛰어나지요.

엄마

원래 옷에 대해 전공하여 패션 디자이너로 활동했지만, 지금은 전업주부예요. 주부로서 새로운 것을 알아 가고 시도하는 데 두려움이 없는 성격이지요.

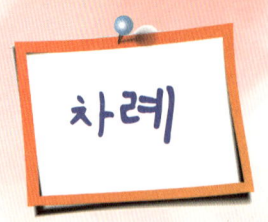

차례

추천의 글 · 4
작가의 말 · 6
실생활과 수학을 연결하는 마법 같은 책 · 8
등장인물 소개 · 10

 **이야기 하나** 새로운 요리에 도전해 볼까? · 14
　　📖 자료의 정리 / 규칙과 대응 / 비와 비율

이야기 둘 옷 무늬 속 도형의 규칙성 찾기 · 38
　　📖 평면도형의 이동 / 규칙 찾기 / 다각형

 **이야기 셋** 옷의 치수, 알쏭달쏭해요 · 52
　　📖 분류하기 / 길이 재기

 **이야기 넷** 수학으로 똑똑하게 장 보기 · 74
　　📖 비교하기 / 들이와 무게

 **이야기 다섯** 영수증 속 수 읽기 · 96
　　📖 큰 수 / 수의 범위와 어림하기

1 새로운 요리에 도전해 볼까?

이야기 하나

📖 자료의 정리 / 규칙과 대응 / 비와 비율

만능 간장 요리법

"이지현!"

"음…… 일어나기 싫어요, 엄마."

오늘도 지현이네 집 아침은 시끌시끌해요. 깨우려는 엄마와 조금 더 자려는 지현이의 전쟁이 또 시작됐나 봐요.

"빨리 일어나야 아침이라도 먹고 갈 것 아니야. 어제처럼 또 아침 안 먹고 갈 거야?"

지현이는 엄마의 등쌀에 어쩔 수 없이 일어났어요. 뭉그적거리다가 결국 지현이는 아침 식사를 거르고 학교에 갔지요.

엄마는 자꾸 아침을 거르는 지현이가 걱정되어 인터넷에서 간단하면서도 빠르게 만들 수 있는 요리법을 찾아보셨어요. 마침 여러 음식을 만들 때 사용하는 '만능 간장'이라는 것을 찾아내셨어요.

'만능 간장이라……. 이런 걸 만들어 놓으면 여러 요리에 쓸 수 있겠구나!'

만능 간장도 만드는 방법이 여러 가지였어요. 야채를 넣은 만능 간장도 있고, 고기를 넣은 만능 간장도 있는 거예요.

"음, 일단 요리법을 잘 적어 놓자."

엄마는 노트북 화면을 보며 고기가 들어간 만능 간장에 대해 메모지에 다음과 같이 적으셨어요.

이때, 학교를 마치고 집에 온 지현이는 엄마가 무언가를 열심히 적고 계신 모습을 발견했어요.

"엄마! 뭐하세요?"

"지현이 왔구나. 우리 예쁜 딸한테 맛있는 요리를 해 주려고 엄마가 인터넷에서 요리법을 찾아보는 중이었어."

"야호, 우리 엄마 최고! 그런데 어떤 것을 찾으셨어요?"

"만능 간장이라는 것이 있는데, 이걸 넣으면 요리가 맛있어진다고 하는구나. 그래서 지현이가 좋아하는 고기가 들어간 만능 간장 만드는 법을 적고 있었어."

"와! 그러면 앞으로 엄마가 만드는 모든 요리에 고기 맛이 나는 거예요?"

지현이는 들뜬 마음으로 엄마가 적으신 만능 간장 만드는 법을 살펴봤어요.

"음, 비율이 바뀌면 맛이 변하니까 양을 늘려도 재료의 비율은 일정해야 하는데…… 어떡하지?"

지현이 엄마는 적어 놓은 종이를 보며 혼잣말을 하셨어요.

"엄마, 걱정 마세요! 제가 학교에서 배운 수학을 이용하면 엄마 고민을 간단히 해결해 드릴 수 있어요."

지현이는 수학 수업 시간에 배운 내용을 떠올리며 자신 있게 말했어요.

"먼저, 간장과 설탕을 보면 간장 여섯 컵에 설탕이 한 컵 들어가지요?"

"그렇지."

"엄마, 간장 한 컵을 기준으로 설탕의 양을 생각하면 설탕이 $\frac{1}{6}$ 컵이니까 이건 좀 어려워요. 그러니까 설탕의 양을 기준으로 간장이 몇 컵인지 생각하면 돼요. 바로 두 양 사이의 규칙을 찾아내는 거예요."

"그래? 그럼 어떻게 하면 간장의 양을 쉽게 알 수 있을까?"

"그건 말이에요……. 규칙을 찾아서 표로 나타내면 돼요. 설탕 한 컵에 간장이 여섯 컵이니까, 이렇게 표를 통해 설탕 세 컵이면 간장은 몇 컵이 필요한지 바로 알 수 있죠."

지현이는 엄마가 쓴 요리법 밑에 다음과 같은 표를 그리기 시작했어요. 엄마에게 자신의 수학 실력을 뽐내게 되어 기분도 무척 좋았지요.

설탕(컵)	1	2	3	4	5	…
간장(컵)	6	12	18	24	30	…

"이 표를 보면서 설탕의 양에 따라 간장의 양을 조절하면 돼요."

"와, 우리 지현이가 수학을 제대로 배웠구나!"

지현이는 엄마의 칭찬에 어깨를 으쓱거리면서 또 다른 표를 그렸어요.

설탕(컵)	1	2	3	4	5	…
간장(컵)	6	12	18	24	30	…
돼지고기(g)	320	640	960	1280	1600	…

"엄마, 이번에는 표에 돼지고기 양도 넣었어요. 이제 이 표만 있으면 만능 간장을 만들 때 필요한 재료의 양을 쉽게 알 수 있어요."

한 걸음 더

규칙과 대응

대응 관계란 어떤 두 대상이 주어진 관계에 의해 서로 짝을 이루는 일을 말해요. 예를 들어 두발자전거에서 자전거 대수와 자전거 바퀴 수를 나타내면 다음 표와 같은 대응 관계가 나와요.

자전거의 수	1	2	3	4
바퀴의 수	2	4	6	8

즉, 자전거가 한 대씩 늘어날 때마다 자전거 바퀴는 두 개씩 늘어나는 거예요. 이렇게 규칙이 있는 두 수 사이의 대응 관계를 알아내면 생활 속 여러 문제를 해결하는 데 도움이 된답니다.

"지현이 대단하구나! 이런 건 어떻게 알고 있니?"

"에헴, 4학년 때 '규칙'을 배우면서 알게 됐고요. 5학년에 올라가서도 수학 시간에 '규칙과 대응'이라는 단원에서 이런 걸 많이 공부한대요."

"우리 딸 대단한데?"

지현이는 수학 시간에 배운 것을 실생활에 활용할 수 있다는 것도 놀랐지만, 엄마가 기뻐하는 모습을 보고 더 즐거워졌어요.

"그럼 설탕 다섯 컵이 들어간 만능 간장을 만들려면 돼지고기는 1600g이 필요하네."

"네, 맞아요."

엄마는 돼지고기가 1600g이 들어간 만능 간장을 만들 계획을 세우며 마트에서 장을 볼 때 잊어버리지 않도록 메모지에 '설탕, 간장, 돼지고기 1600g'이라고 적으셨어요.

"우리 똑똑한 딸, 먹고 싶은 것 말해 봐."

엄마는 똑소리 나는 지현이의 모습을 대견해하시면서 지현이에게 물으셨어요.

"엄마, 저 햄버거 먹고 싶어요!"

"그래, 이참에 햄버거 요리에도 한번 도전해 볼까?"

엄마는 의기양양하게 인터넷으로 요리법을 다시 검색하기 시작하셨어요.

햄버거 패티 요리법

"음……, 햄버거 요리의 핵심은 햄버거 패티군."

엄마가 노트북 화면을 보면서 말씀하셨어요.

"햄버거 패티요?"

"응, 햄버거 안에 있는 고기 있잖니."

"아하!"

"햄버거 빵이나 치즈는 마트에서 사고……, 야채도 우리 가족이 좋아하는 것만 사서 햄버거 빵 사이에 넣으면 될 것 같은데?"

"좋아요!"

"햄버거 패티는 요리를 좀 해야 해. 음, 어디 보자……."

엄마는 계속해서 햄버거 패티 요리법을 검색하셨어요.

"햄버거 패티는 보통 소고기와 돼지고기를 섞어 만드네."

"맞아요, 맞아요."

엄마와 같이 컴퓨터를 보면서 지현이도 맞장구를 쳤어요.

"인터넷에 다양한 방법이 나오지만, 엄마는 요리를 잘 못하니까 간편한 요리법을 찾을 거란다."

엄마는 어느 블로그에서 햄버거 패티를 아주 간편하게 만드는 법을 찾으셨어요.

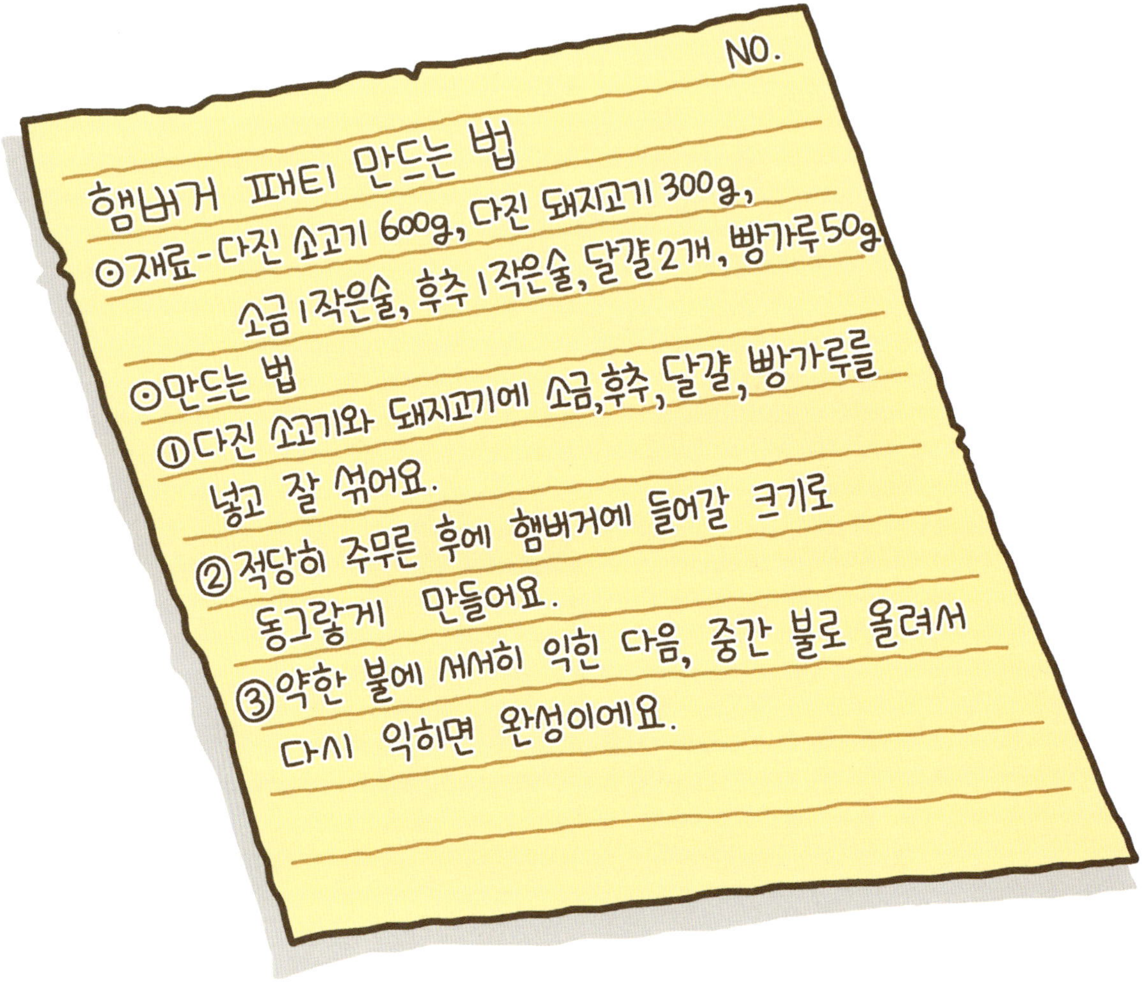

햄버거 패티 만드는 법
⊙재료 - 다진 소고기 600g, 다진 돼지고기 300g, 소금 1작은술, 후추 1작은술, 달걀 2개, 빵가루 50g

⊙만드는 법
① 다진 소고기와 돼지고기에 소금, 후추, 달걀, 빵가루를 넣고 잘 섞어요.
② 적당히 주무른 후에 햄버거에 들어갈 크기로 동그랗게 만들어요.
③ 약한 불에 서서히 익힌 다음, 중간 불로 올려서 다시 익히면 완성이에요.

"이 방법으로 햄버거 패티를 만들면 되겠다."

"저도 보여 주세요."

지현이와 엄마는 블로그에 있는 사진을 보면서 이 정도 요리는 할 수 있겠다고 생각했어요.

"어머, 그런데…… 소고기 600g, 돼지고기 300g 거기에 달걀, 빵가루까지 들어가면 무게가 거의 1000g이나 될 텐데, 그럼 만들어지는 패티가 너무 큰 것 아닌가?"

"엄마, 엄마. 1000g 고기는 엄청나게 클 것 같아요. 고깃집에서 삼겹살 1인분이 200g 정도 하잖아요? 그러니까 1000g은 삼겹살 5인분 양이나 돼요!"

"하하, 그렇지. 지현이 말대로 삼겹살 1인분이 200g 정도니까……, 딱 반으로 잘라서 패티를 100g씩 만들자. 그러면 반죽 1000g으로 패티 열 개를 만들 수 있어."

엄마는 마트에 가서 살 것을 적어 놓은 메모지에 '소고기 600g, 돼지고기 300g, 달걀, 빵가루'도 적어 놓으셨어요.

적당한 양을 찾아서

이때, 초인종이 울리면서 퇴근을 한 아빠가 돌아오셨어요.

"여보! 우리 지현이가 학교에서 공부를 잘하고 있나 봐요."

엄마는 아직 신발도 벗지 않은 아빠에게 지현이가 요리법에 나온 재료의 양을 수학적으로 구했다고 자랑하셨어요. 지현이가 그린 표도 보여 주시면서 말이에요.

설탕(컵)	1	2	3	4	5	…
간장(컵)	6	12	18	24	30	…
돼지고기(g)	320	640	960	1280	1600	…

"음, 어디 보자……. 이렇게 표를 만들어서 요리할 때 필요한 재료의 양을 정확하게 구하다니, 우리 딸 대단한데!"

> **비**
>
> 비는 두 수의 크기를 비교할 때 써요.
> □와 △의 비는 □ : △라 쓰고, '□대 △'라고 읽어요.

엄마에 이어 아빠의 칭찬도 받으니 지현이는 무척 기뻤어요.

"이러한 규칙과 대응을 조금 더 편리하게 나타내는 법이 있단다. 혹시 수학 시간에 '비'라는 말을 들어 본 적 있니?"

아빠는 지현이가 만든 표를 보면서 물으셨어요.

"음……, 비는 잘 모르겠어요."

"그렇지, 비라는 말은 6학년 때 배우는 것이라 아직 잘 모를 거야. 하지만 이 표를 만들 때 쓰인 개념이 바로 '비'란다. 만능 간장에서 설탕 한 컵에 간장 여섯 컵씩 넣는 걸 비로 나타내면 바로 '1 : 6'이돼."

설탕   간장   간장   간장   간장   간장   간장

아빠는 어느새 겉옷을 벗고 거실 탁자 위에 종이를 올려놓은 다음, 열심히 설명을 시작하셨어요. 수학 선생님인 아빠는 수학 얘기만 나오면 조금 흥분하는 경향이 있으시거든요.

"지현이 네가 만든 표에서 간장의 양을 설탕의 양으로 나누면 어떻게 되는지 한번 볼까?"

"아빠, 비도 잘 모르는데 두 양을 왜 나누는지 제가 이해하겠어요?"

지현이는 모르는 내용이 나오자 약간 짜증이 난 듯했어요.

"맞아, 아직 네가 이해하기에는 어려울 수 있어. 아빠가 간단히 설명할 테니 잘 들어 보렴. 표에서 간장의 양을 설탕의 양으로 나누면, 먼저 간장 여섯 컵, 설탕 한 컵이니까 6 나누기 1은 6이고, 간장 열 두 컵에 설탕 두 컵이니까 12 나누기 2는 6이 되지? 나머지도 해 보면 $18 \div 3 = 6$, $24 \div 4 = 6$, $30 \div 5 = 6$……이겠지."

"아빠, 계속 6이 나오네요?"

"그래. 그건 곧 간장의 양이 항상 설탕의 양의 여섯 배가 된다는 뜻이야. 이런 설탕과 간장의 관계를 비로 나타내면 1 : 6으로 쓸 수 있단다."

처음 듣는 수학 내용에 살짝 지루해하는 지현의 낌새를 알아차린 아빠가 엄마에게 말씀하셨어요.

"만능 간장만 만들면 우리 저녁 식사에는 밥과 간장만 있는 건가요?"

"아뇨, 만능 간장은 요리할 때 사용할 거고요. 내일은 햄버거 만들기에 도전하기로 했어요."

능청스러운 아빠의 질문에 엄마가 대답하셨어요. 엄마는 인터넷 검색으로 찾은 햄버거 만드는 법과 재료의 양을 아빠에게 보여 주면서 햄버거 패티 열 개를 만들겠다고 말씀하셨지요.

"햄버거를 열 개나 만들겠다고요? 열 개를 누가 다 먹어요!"

엄마 말을 듣자마자 아빠는 깜짝 놀라셨어요.

"패티만 열 개 만들어서 냉장고에 보관했다가 그때그때 먹으면 되잖아요."

엄마는 약간 토라진 듯 말했어요.

"아니아니, 그런 뜻은 아니고……. 그냥 양을 조금씩 줄여서 사면 좋지 않을까 해서요."

"아빠, 양을 어떻게 줄일 건데요?"

"방금 아빠가 말한 비를 이용하면 간단해지지만 지현이가 어려워할 수 있으니까……. 일단 모든 양을 반으로 줄이면 되지 않을까?"

"그래요!"

지현이와 엄마가 동시에 대답했어요.

"지현이와 엄마가 생각한 양이 햄버거 열 개니까, 모든 양을 반으로 줄이면 햄버거 다섯 개가 돼. 그러면 아빠 두 개, 엄마 한 개, 지현이 한 개, 그리고 나머지 한 개는 더 먹고 싶은 사람이 먹으면 되겠지? 다섯 개가 딱 좋을 것 같다."

"아빠, 아빠. 같이 재료의 양을 구해 봐요."

지현이가 재촉하면서 말했어요.

"음, 먼저 소고기가 600g이니까 반은 300g이고, 돼지고기는 300g이니까 반은 150g이 되겠네."

"아, 그러면 빵가루는 50 나누기 2니까…… 25g이 필요해요!"

빵가루의 양은 지현이가 재빨리 계산했어요.

"그래, 맞아. 지현이가 아까 그렸던 것처럼 이걸 표로 나타내면 더 쉽게 알 수 있을 거야."

아빠는 다음과 같이 표를 그리셨어요.

음식	소고기	돼지고기	소금	후추	달걀	빵가루
햄버거 열 개	600g	300g	1작은술	1작은술	2개	50g
햄버거 다섯 개	300g	150g	$\frac{1}{2}$ 작은술	$\frac{1}{2}$ 작은술	1개	25g

"이렇게 보니까 햄버거 다섯 개를 만들려면 재료가 얼마만큼씩 필요한지 한눈에 보이네요. 고마워요, 여보."

"하하, 수학을 조금만 이용하면 편리해질 때가 많아요."

엄마는 아빠와 지현이의 도움으로 마트에서 사야 할 것을 메모지에 정리하셨어요.

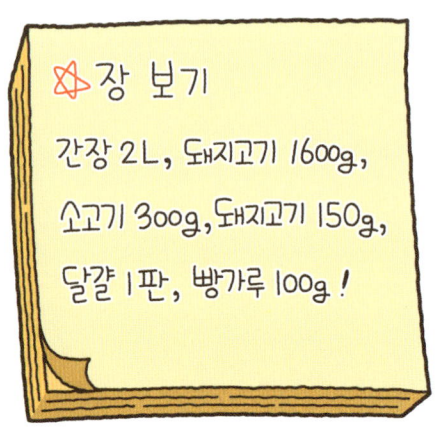

"간장이나 빵가루는 다른 요리에도 쓸 수 있으니까 여유 있게 사도 될 것 같아요."

엄마가 메모지를 보여 주며 말씀하셨어요.

"그래요. 자, 이제 마트로 출발해 볼까요?"

"아참, 이참에 우리 가족 옷도 한 벌씩 사기로 해요. 특히 지현이가 부쩍 커서 옷들이 작아졌거든요."

지현이와 아빠는 옷을 사자는 엄마의 말에 기쁜 마음으로 마트로 출발했어요.

1. 다음 표의 빈 곳에 알맞은 수를 써넣어 보세요.

(1)

설탕(컵)	1	2	3	4	5	...
간장(컵)	6		18	24		...
돼지고기(g)	320	640		1280	1600	...

(2)

음식	소고기	돼지고기	소금	후추	빵가루
햄버거 10개	600g	300g	1작은술	1작은술	50g
햄버거 5개	g	150g	$\frac{1}{2}$ 작은술	$\frac{1}{2}$ 작은술	g

정답 : 1. (1) 12, 30, 960 (2) 300, 25

수학 읽기

바닷물의 농도와
배추를 절일 때 소금물의 농도

농도란 어떤 용액의 묽고 진하기를 나타내는 정도를 말해요. 소금물의 농도는 소금물 속에 얼마나 많은 양의 소금이 녹아 있는지를 숫자로 나타낸 것을 말하지요.

농도는 주로 퍼센트(%)로 표현하는데, 이것은 백분율, 즉 기준량을 100으로 할 때의 비율을 뜻해요. 그래서 소금물의 농도는 100g의 소금물 속에 든 소금의 양을 말하는 것이지요.

염분은 바닷물에 함유된 소금기를 말한답니다. 평균적으로 전 세계 바닷물의 염분 농도는 3.5%라고 해요. 그러니까 바닷물 100g에 소금 3.5g이 녹아 있다는 뜻이지요.

그런데 바닷물의 염분 농도는 지리적 위치에 따라 달라요. 북반구 바닷물의 염분은 남반구 바닷물의 염분보다 농도가 낮아요. 이는 북반구에 더 많은 대륙이 분포하고 있어 많은 양의 담수가 바다로 흘러들어가기 때문이지요.

비가 많이 와서 많은 양의 강물이 바다로 들어가면 바닷물이 묽어지고, 바다에서 증발이 많이 이루어지면 바닷물이 짜지는 등 바닷물의 염분 농도는 날씨에 의해서도 달라질 수 있답니다.

이러한 소금물의 농도는 김장을 할 때에도 이용되고 있어요. 배추

김치를 담글 때 중요한 과정 가운데 하나가 배추를 소금에 절이는 것이에요. 배추에 소금을 뿌리면 배추의 물기가 농도가 높은 소금물로 몰려 배추의 수분이 빠져나가 절여지는 것이지요. 이때 소금물의 농도는 바닷물의 염분 농도와 비슷해요. 그래서 소금물 대신 바닷물로 배추를 절이기도 하지요.

일반 소금으로 배추를 절이면 어떤 소금을 선택하는지에 따라 김치가 짜거나 쓴맛이 난다고 해요. 하지만 바닷물로 절인 배추는 간이 골고루 스며들고 염분 농도가 일정해 간편하면서도 간을 잘 맞출 수 있는 장점이 있다고 하지요.

TIPS

$$농도(\%) = \frac{용질}{용액} \times 100$$

$$소금물의\ 농도(\%) = \frac{소금의\ 양}{소금물의\ 양} \times 100$$

용액의 바탕이 되는 액체를 용매라고 하고, 그 속에 녹아 있는 물질을 용질이라고 해요. 예를 들어 소금물에서 소금은 용질, 물은 용매랍니다.

이야기 2 둘

옷 무늬 속 도형의 규칙성 찾기

📖 평면도형의 이동 / 규칙 찾기 / 다각형

나에게 어울리는 옷은 무엇일까?

마트에 도착한 지현이 가족은 음식 재료와 옷 중 어느 것을 먼저 살지 정하기로 했어요.

"재료를 미리 사 놓으면 상할 수도 있으니까 옷을 먼저 사는 게 좋을 것 같아."

아빠의 말을 따라 모두 마트 안에 있는 옷 가게로 향했어요. 먼저 아빠 옷을 사러 남성복 매장으로 갔지요.

"당신은 체크무늬가 잘 어울려요. 이 체크무늬 셔츠 어때요?"

엄마가 아빠에게 셔츠 하나를 보여 주며 말씀하셨어요.

체크무늬

체크무늬는 '바둑판 모양 무늬'나 '체스판 모양 무늬'라고도 하는데, 이는 작은 정사각형 모양이 연결된 바둑판과 체스판의 모양 때문이에요. 체크무늬에는 수학적인 규칙성이 있어요. 예를 들어 왼쪽 체크무늬에는 검은색, 흰색, 검은색, 흰색, ……과 같이 두 가지 색이 반복적으로 나오는 패턴을 보이고 있지요. 이런 패턴을 'ab 유형'이라고 해요. ab 유형의 대표적인 예가 바로 횡단보도랍니다.

아빠는 엄마가 골라 준 옷을 천천히 살펴보셨어요.

"음, 괜찮긴 한데, 무늬가 너무 단순한 것 같아요. 난 무늬가 좀 더 다채로운 것이 좋아요."

"아빠, 체크무늬가 예뻐요? 저는 이런 사각형 무늬는 너무 틀에 맞춰져 있는 것 같아서 싫은데……."

지현이도 셔츠를 둘러보더니 말했어요.

"하하, 지현이는 체크무늬가 흔해 보이는구나? 그런데 체크무늬도 매우 다양해. 먼저, 가장 기본적인 체크무늬인 '격자무늬'가 있지. 우리나라에서는 흔히 '문살무늬' 또는 한자인 '우물 정(井)자 무늬'라고도 한단다."

"우물 정자는 한자 '井' 모양을 따서 그렇게 부른 이유를 알겠는데, 문살무늬는 뭐예요?"

"아, 옛날 집은 문이나 창문을 유리로 만들지 않고 나무로 틀을 만든 다음 창호지라는 종이를 붙여서 만들었어. 그런데 창호지를 붙일 수 있는 틀 모양이 가로 나무 막대와 세로 나무 막대가 서로 교차한 무늬였거든. 이렇게 문짝 틀이 되는 나무 막대를 '문살'이라고 해. 그래서 체크무늬를 문살무늬라고도 하는 거야. 아차, 옷에 대해서는 엄마가 전문가인데……. 하하!"

아빠는 엄마를 보며 멋쩍게 웃으셨어요. 엄마는 의류학을 전공한 패션 디자이너이셨거든요.

"당신이 설명을 아주 잘했네요. 체크무늬에도 여러 종류가 있기는 하지만, 깊게 들어가면 어려우니까 옷을 보면서 좀 더 설명해 줄게요."

아빠의 설명에 이어 엄마가 말씀하셨어요.

"이번에는 지현이의 옷 고르는 안목을 한번 볼까? 지현아, 아빠한테 어울릴 만한 체크무늬 셔츠를 가져와 보렴."

지현이는 옷 가게에 있는 여러 체크무늬 셔츠를 이리저리 둘러보다가 재미있는 무늬를 발견했어요.

"엄마, 이 체크무늬 셔츠 어때요?"

지현이는 셔츠 하나를 들고 오며 엄마에게 물었어요.

"음, '셰퍼드 체크'구나."

"네? 셰퍼드는 개의 한 종류 아니에요? 이런 무늬를 한 개도 있어요?"

지현이는 의아한 표정으로 말했어요.

"하하, 맞아. 셰퍼드(shepherd)는 덩치 큰 어느 개의 종류를 말해. 그런데 셰퍼드는 원래 양을 몰고 다니는 사람들인 양치기라는 뜻이란다. 스코틀랜드 양치기들이 자주 이용한 무늬여서 이 무늬를 셰퍼드 체크라고 부르는 거야."

엄마는 오랜만에 자신의 전문 분야가 나와서 그런지 열심히 설명을 시작하셨어요.

"주로 검은색과 흰색으로 만드는데, 다른 색을 넣기도 해."

"와, 역시 우리 엄마는 패션 전문가라니까!"

"여보, 그럼 당신이 한번 나한테 어울릴 만한 걸 추천해 줘요."

"음……, 이 셔츠는 어때요? 가로, 세로가 각각 두 가지 색으로 만들어져서 번갈아 변하는 격자무늬인데, 이런 모양을 '태터솔 체크'라고 해요."

 엄마는 빨간색과 파란색이 번갈아 나오는 체크무늬 셔츠를 아빠에게 권하셨어요. 그리고 옆으로 가서 새로운 셔츠를 보더니 반가운 표정을 지으셨지요.

 "여보, 여보! 우리 신혼여행 가서 입었던 옷 모양과 같은 무늬의 옷이 여기 있어요."

아가일 체크

"와, 이 무늬는 마름모가 계속 이어져 있어요."

지현이는 신기한 듯 엄마가 가리킨 옷을 보며 말했어요.

> **마름모**
> 네 변의 길이가 같은 사각형을 말해요.

"맞아, 마름모가 계속 이어져 있지? 이 무늬를 '아가일 체크'라고 해. 다이아몬드 무늬라고도 한단다."

"정말 신혼여행에서 입었던 옷 무늬랑 같네요! 다시 보니 새삼스럽네. 그때는 우리 둘 다 젊었는데……, 하하."

아빠는 엄마와의 신혼여행이 생각났나 봐요.

"당신, 아직도 젊어요. 어때요? 신혼 기분으로 아가일 체크무늬 셔츠를 한번 입어 봐요."

"그럴까요? 그런데 나는 좀 더 새로운 무늬의 옷을 입어 보고 싶어요. 이 무늬는 어떤 것 같아요?"

아빠는 새로운 무늬의 셔츠를 집어 들며 말씀하셨어요.

"이런 무늬는 처음 보는데요? 새로운 무늬가 나왔나요?"

엄마는 아빠가 보여 주시는 새로운 무늬가 신기한 듯, 가까이서도 보고 멀리서도 보면서 무늬가 참 재미있다는 생각을 하셨어요.

"하하, 당신도 모르는 무늬가 있군요. 이 무늬는 '펜로즈 타일'이라고 해요."

한 걸음 더

펜로즈 타일

영국의 수학자이자 물리학자인 로저 펜로즈(Roger Penrose, 1931~)가 고안한 무늬로서, 펜로즈 타일링(Penrose tiling)이라고도 해요.

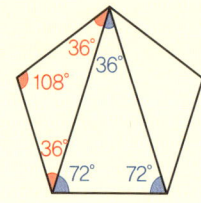 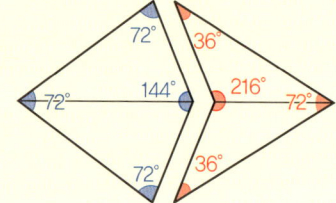

펜로즈 타일은 오각형을 잘라, 파란 삼각형 두 개를 이어 붙여서 만든 조각과 빨간 조각 두 개를 이어 붙여서 만든 삼각형으로 이루어진 타일이에요. 즉, 이 두 종류의 타일을 이용해서 쪽매맞춤(테셀레이션)을 해서 모양을 만든 것이 바로 펜로즈 타일이랍니다.

"와, 아빠 이 모양은 정말 신기해요. 세상에는 재미있는 모양들이 많이 있는 것 같아요. 사람들은 어떻게 이런 상상을 할까요?"

"그렇지? 지현이 너도 수학적인 모양을 가지고 다양한 무늬를 한번 만들어 보렴."

아빠는 호기심에 가득 찬 지현이의 머리를 쓰다듬어 주셨어요.

1. 다음은 사냥개의 이빨처럼 보이는 무늬인 '하운드투스 체크' 예요. 이 무늬에서 대각선 방향을 살펴보면 까만색, 하얀색이 반복되는 패턴임을 알 수 있어요. 이런 패턴을 어떤 유형이라고 할까요?

① ab유형　　② aab유형　　③ abb유형　　④ abc유형

2. 다음 빈 곳에 알맞은 사각형의 종류를 써넣어 보세요.

아가일 체크는 (　　　　) 모양으로 이루어져 있어요.

정답 : 1. ① 　2. 마름모

수학 읽기

테셀레이션과 M. C. 에셔
평면을 입체로, 일차원의 세계를 이·삼차원의 세계로

테셀레이션이란 단어를 들어 봤나요? 테셀레이션이란 동일한 모양을 이용해 틈이나 포개짐 없이 평면이나 공간을 완전하게 덮는 것을 말합니다. 타일 까는 것과도 비슷하지요. 우리 주변을 돌아보면 거리의 보도블록, 궁궐의 단청, 욕실의 타일 등 다양한 곳에서 볼 수 있습니다.

유명한 네덜란드의 예술가 M. C. 에셔는 테셀레이션을 이용하여 다양한 예술 작품을 남겼어요. 아마 그의 작품을 접한 친구들도 많을 거예요. 에셔의 작품을 함께 살펴볼까요?

에셔의 작품들은 수학이나 과학적 내용과 연관된 것들이 많고, 특히 타일처럼 반복되는 내용들로 구성되어 있어요. 특히 현실의 모습을 그린 것 같지만 현실에서는 불가능한 상황을 교묘하게 그림에 섞어 놓은

에셔(1898~1972)의 작품들

경우가 있는데, 혹시 다섯 그림 중에 찾으셨나요? 힌트는 건물의 기둥을 잘 살펴보세요.

이와 같이 예술 속에 수학이나 과학이 녹아 있는 것을 보면 수학, 과학 또는 미술만 잘하는 것보다 언제든 미술의 소재를 수학을 포함한 여러 방면에서 찾을 수도 있음을 에셔는 보여 주고 있어요. 이것이 요즘 말하는 융합·통합적 사고겠지요? 여러분도 미래에 어떤 일을 할지 한번 생각해 보는 시간이 되었으면 합니다.

(출처: 에셔 공식 웹사이트)

옷의 치수, 알쏭달쏭해요

📖 분류하기 / 길이 재기

아빠에게 맞는 옷을 찾아서

아빠는 마음에 드는 셔츠 하나를 고르셨어요.

"여보, 이 셔츠에 어울리는 바지도 같이 사요."

엄마의 제안에 아빠는 바지도 하나 골라 오셨어요.

"자, 이제 사이즈를 볼까? 먼저 셔츠는 105 사이즈를 입어야 해."

"엥, 105요? 아빠, 어떻게 105를 입어요? 130을 입는 저보다 아빠 몸이 훨씬 큰데, 아빠 사이즈가 어떻게 105일 수 있어요?"

아빠의 사이즈를 듣고 지현이의 눈이 휘둥그레졌어요.

"아, 그건……. 어른들 옷의 치수와 아이들 옷의 치수가 다르기 때문이야."

"보통 남자 어른의 셔츠는 90, 95, 100, 105, 110 등으로 표시하는데, 이는 가슴둘레를 기준으로 말하는 것이란다."

아빠의 설명에 이어 엄마가 자세하게 보충해 주셨어요.

"예를 들어, 가슴둘레가 100cm이면 셔츠는 보통 100사이즈를 입으면 돼."

"아하, 그렇군요!"

"옷 치수를 숫자 대신 영어로 나타내기도 해. 보통 가슴둘레

85cm를 XS, 90cm를 S, 95cm를 M, 100cm를 L, 105cm를 XL, 110cm를 XXL로 말이야. 지현아, 여기에서 S가 무얼 뜻하는지 아니?"

아빠도 엄마의 설명에 덧붙이면서 지현이에게 질문했어요.

가슴둘레	85cm	90cm	95cm	100cm	105cm	110cm
사이즈	XS	S	M	L	XL	XXL

"음, S는 일단 작은 것을 말하는 것 같으니까 'Small(스몰)'이 아닐까요?"

"오호, 대단한데? 맞아. 영어로 작다는 뜻인 Small이 S를 뜻하지. 그렇다면 M과 L은 각각 무엇을 나타낼까?"

"M은 중간을 뜻하는 'Middle(미들)'이고, L은 크다는 뜻일 테니까 'Large(라지)' 아닐까요?"

"음, 반은 맞고 반은 틀리네. 일단, L은 지현이가 말한 Large가 맞아. 크다는 뜻이지. 근데 Middle은 공간이나 시간적으로 중간을 말하는 거야. 여기서 M은 양, 치수 등에서 중간을 나타내는 'Medium(미디움)'을 뜻하지. 자, 하나 더 물어볼게. XS, XL에서 X는 뭘 것 같니?"

"글쎄요……?"

"X는 'Extra(엑스트라)'를 뜻하는데, 이 단어는 '보통보다 더'라는 의미를 갖고 있어. 즉, XS라고 하면 '더 작은' 것을 말하는 거야."

"그럼, XL은 더 큰 것이고, XXL은 더 더 큰 것이겠네요?"

"우리 딸은 하나를 알려 주면 열을 아는구나! 그렇지, X가 붙을수록 더 큰 사이즈가 되는 거야."

"아빠, 그러면 XXXL나 XXXXL도 있나요?"

"물론이지. 큰 옷 전문점에 가면 X가 세 개 또는 네 개가 붙은 옷도 볼 수 있단다. X가 여러 개 붙으니까 부르기 어렵지? 그래서 XXL를 'two X Large(투 엑스 라지)'라고 불러. X가 네 개 있으면……."

"'four X Large(포 엑스 라지)', 맞죠?"

"하하, 역시 우리 딸이야!"

지현이와 아빠가 대화를 나누는 사이, 엄마는 점원에게 문의하여 아빠가 고른 모양과 같은 105 사이즈의 옷을 가지고 오셨어요.

옷을 입어 보신 아빠는 만족스러워하시며 곧바로 셔츠를 산 후 바지를 사기 위해 다른 가게에 들어가셨어요.

"음, 이게 좋겠군. 이 디자인으로 35 사이즈를 달라고 해야겠어."

아빠는 이리저리 둘러보다가 마음에 드는 바지를 하나 고르신 후 점원에게 말하려고 하셨어요.

"아빠, 35면 35cm인데⋯⋯ 아무리 봐도 아빠 몸에 둘레가 35cm인 곳이 없어요. 135를 잘못 말씀하신 것 아니에요?"

지현이가 당황하며 아빠에게 묻자, 옆에 있던 엄마가 웃으며 말씀하셨어요.

"아니야, 아니야. 35는 바지의 크기를 나타내는 치수인데, 바로 허리둘레를 말하는 거야."

"엄마, 그러면 더 이상하죠! 앞에서 보이는 아빠의 허리 길이만 해도 35cm는 훌쩍 넘어 보이는데요?"

"하하, 그렇긴 하지. 여보, 살 좀 빼야겠어요."

지현이의 말에 괜히 아빠에게 불똥이 튀었어요.

"흠흠…, 지현이가 35라는 소리를 듣고 깜짝 놀랐나 보네. 35는 35cm를 말하는 것이 아니라 35in(인치)를 뜻하는 것이란다."

"엥? 인치는 또 뭐예요? 그런 단위는 학교에서 배우지도 않았어요."

"맞아, 그럴 거야. 학교에서는 우리나라에서 표준으로 정한 미터법 단위 위주로 쓰기 때문이지. 인치는 미터법에 있는 단위가 아니란다. 주로 미국에서 사용하는 단위야. 우리나라에 서양의 새로운 문물이 전해질 때, 미국에서 사용한 바지의 크기를 나타내던 방식이 그대로 전해져서 아직도 바지 사이즈에 인치가 사용되고 있는 거지."

> **미터법**
>
> 길이는 m(미터), 부피는 L(리터), 질량은 kg (킬로그램)을 기본 단위로 재도록 정해 놓은 법이에요.

"그렇군요. 그러면 35in는 어느 정도예요?"

"1in가 보통 2.54cm정도야. 그래서 35in는 2.54×35=88.9(cm) 정도인 셈이지. 약 89cm라고 보면 돼."

"후유, 복잡해! cm로 썼다가 in로 썼다가, 왜 왔다 갔다 해요? 그러니까 옷 크기가 너무 헷갈려요."

"맞아, 그래서 요즘은 옷을 cm 단위로 통일하고 있단다. 바지 같은 경우에도 cm로 통일해서 나타내고 있어. 하지만 in를 cm로 나타내다 보니까 회사마다 약간 치수 차이가 있지. 예를 들어, 35in를 어떤 회사는 88cm로 나타내고, 다른 회사는 89cm로 나타내기도 해. 그래서 바지 파는 가게에 가 보면 사이즈표가 있는 경우를 종종 볼 수 있어."

아빠에 이어 엄마가 요즘 바지 사이즈에 대해 설명해 줬어요.

"자 그럼, 이 가게의 바지 사이즈표를 볼까?"

사이즈	85	90	95	100	105	110
허리둘레(in)	29	30	31	33	35	36
허리둘레(cm)	77	79	81	85	88	92

"아빠, 이 가게에서 35in 사이즈를 찾으려면 허리둘레가 88cm 인지 보면 되겠네요?"

"우리 지현이가 제대로 볼 줄 아네. 이 회사는 바지 제품을 허리둘레(cm)에 따라 만드는구나. 그렇다면 88cm 사이즈를 찾아서 입어 봐야겠군."

아빠는 허리둘레가 88cm인 바지를 탈의실에서 입고 나오셨는데, 약간 몸에 끼는 것 같았어요. 앉았다가 일어나 보니 더 불편해서 한 치수가 더 큰 92cm를 골라 다시 입어 보셨지요. 약간 헐렁했지만 이전 사이즈보다 편했기 때문에 92cm 사이즈를 사기로 하셨어요.

"여보, 예전보다 바지 사이즈가 커졌네요. 이제 당신도 관리 좀 해야겠어요. 배가 자꾸 나오면 건강에 안 좋잖아요."

"허허, 맞아요. 이제부터 운동 열심히 해야겠어요."

아빠는 주먹을 불끈 쥐면서 바지 가게를 나오셨어요.

지현이에게 맞는 옷을 찾아서

"아빠 옷을 샀으니 이제 우리 딸 옷을 사러 가 보자."

지현이 가족은 아동복 가게로 갔어요.

"엄마, 전 파란색 옷이 좋아요."

"휴, 넌 항상 왜 파란색만 좋아하니? 다양한 색의 옷이 있어야 여러 모습을 연출할 수 있잖아."

엄마는 파란색 옷만 고집하는 지현이가 못마땅하셨어요.

"그래도 저는 파란색이 좋아요. 파란색 옷을 입으면 파란 하늘 속에 있는 것 같단 말이에요."

"하하, 우리 지현이가 파란색을 많이 좋아하는 것 같구나."

아빠는 해맑게 웃는 지현이를 보며 말씀하셨어요.

"파란색 옷이 왜 파란색으로 보이는지 아니?"

아빠의 뜬금없는 질문에 지현이는 고개를 갸우뚱하면서 모르겠다는 표정을 지었어요.

"그건 바로 파란색만 반사된 빛이 우리 눈에 보이기 때문이야. 빛이 바로 우리에게 색을 전해 주는 것이지."

"네? 빛이요?"

"그래, 이 사실을 처음 알아낸 사람이 바로 영국의 물리학자 뉴턴이야. 뉴턴은 빛이 일곱 개의 색깔로 나누어진다는 것을 발견했고,

빛을 분산시키는 프리즘

이후 다른 학자들에 의해 이런 빛의 색깔이 파장 때문이라는 것이 밝혀졌지. 파장에 따라 색깔이 구분되는 거야."

"그럼 우리가 색을 볼 수 있는 것은 빛 덕분이네요!"

"맞아, 빛 때문에 우리가 색을 볼 수 있는 것이지. 색 중에서 빨간색은 파장이 길고 파란색은 파장이 짧단다. 그래서 지현이 넌 파장이 짧은 파란색을 좋아하는 것이라고 할 수 있지."

"아빠, 그만, 그만! 거기까지요. 우리 아빠는 너무 과학적이셔."

엄마, 아빠, 지현이 모두 한바탕 웃음을 터뜨렸어요.

점원은 지현이가 고른 파란색 디자인의 130 사이즈 옷을 찾아다 줬어요.

"이 옷은 130호까지밖에 제작되지 않아요. 가장 큰 사이즈가 130호입니다."

"제 사이즈가 130이에요. 걱정하지 마세요."

지현이는 점원의 말에 답하며 신나는 얼굴로 탈의실에 들어갔어요.

"옷이 좀 작은 것 같은데?"

지현이가 입고 나온 모습을 본 엄마와 아빠가 말했어요. 지현이는 이 옷이 정말 마음에 들었어요. 이 디자인으로는 가장 큰 사이즈가 130호인데, 지현이에게는 너무 딱 맞는 치수인 것 같았지요. 그래도 지현이는 이 옷을 사기로 마음먹었어요.

"아니에요, 이 옷이 내 몸에 딱 맞아서 좋아요. 저 이걸로 사 주세요."

"지현아, 너는 아직 성장기라서 이렇게 딱 맞는 옷을 사면 조금 지나서는 입을 수 없게 돼. 그러니까 좀 더 여유 있는 다른 옷을 사는 게 좋을 것 같아."

엄마의 설득에도 지현이는 마음에 드는 옷을 사고 싶어 계속 졸라 댔어요.

"여보, 지현이가 저렇게 좋다는데 그냥 사 줍시다."

아빠도 지현이 편을 들어 주셨지요. 엄마는 못마땅했지만 아빠와 지현이의 성화에 어쩔 수 없이 지현이 말을 들어주기로 하셨어요.

"그럼, 일단 다시 원래 옷으로 갈아입고 오렴."

잠시 후, 지현이가 탈의실에서 엄마를 애타게 찾았어요.

"엄마, 엄마! 도와주세요."

 탈의실에 들어온 엄마는 헛웃음이 나왔어요. 지현이가 옷을 벗지 못한 채 엉거주춤하게 엄마를 부르고 있었던 거예요.
 "거봐, 엄마 말 들어야지."
 지현이는 엄마의 도움을 받아 겨우 파란색 옷을 벗을 수 있었어요.
 "아니, 이렇게 예쁜 옷이 왜 130까지밖에 안 나올까요? 도대체 130은 어떤 걸 말하는 거예요?"
 "우리 딸, 옷이 안 맞아서 심통이 났구나. 아동 옷의 치수는 보통 키를 바탕으로 말해. 그러니까 130호라는 것은 키가 130cm 정도 되는 아이가 입는 옷을 말하는 것이지."

짜증 섞인 지현이의 말에 엄마가 친절하게 설명해 줬어요.

"제 키가 132cm니까 130호를 입어도 되는 것 아니에요?"

"키가 같은 사람끼리도 체형은 모두 제각각이잖니. 그러니까 꼭 키가 130cm라고 해서 130호가 맞는 것은 아니야. 그래서 옷은 입어 보고 사는 게 좋아. 이제 다른 옷을 찾아보자."

"네, 알겠어요……."

다른 가게를 둘러보던 지현이가 역시 파란색 옷을 골랐어요. 이번에는 부리나케 사이즈를 살펴봤지요. 그런데 이 옷은 사이즈가 '15호'로 적혀 있는 것 아니겠어요?

"이번에는 사이즈가 15호로 되어 있어요!"

"아, 맞다. 아동 옷을 나타내는 또 다른 방법이 있어."

엄마는 가게에 있는 사이즈표를 찾아 지현이에게 보여 줬어요.

나이	12~24개월	2~3세	3~4세	4~5세	5~6세	6~7세	7~8세	9~10세
호수	3	5	7	9	11	13	15	17

"이 표를 보면 전 11살이니까 17호보다 큰 걸 입어야겠네요?"

"하하하, 이 사이즈표에 있는 나이는 '만 나이'를 말하는 거야.

지현이는 올해 생일이 지났으니까 만 열 살인 셈이지. 그래서 17호를 입어야 하는데, 일단 한번 입어 보렴. 아마도 이 가게 옷은 좀 크게 나온 것 같구나."

지현이는 탈의실에서 옷을 입어 보니 너무 크지도 않고 자신에게 알맞은 크기의 옷인 것을 확인할 수 있었어요.

"엄마, 엄마. 이 옷이 딱 맞아요. 약간 큰 게 더 편하기도 하고 앞으로 더 입을 수 있으니까 더 좋은 것 같아요."

마음에 드는 디자인에 알맞은 치수까지 찾아 지현이는 매우 만족스러웠어요.

엄마에게 맞는 옷을 찾아서

이번에는 엄마 옷을 사러 갔어요. 엄마는 패션 전문가라 그런지 옷을 빠르게 고른 뒤 점원에게 사이즈까지 망설임 없이 말했지요.

"이 옷, 66 사이즈가 있는지 알아봐 주세요."

"엄마, 도대체 왜 옷 사이즈 부르는 말이 남성복, 아동복, 여성복마다 다 달라요? 66 사이즈는 또 뭐예요?"

"여성복의 경우 전국 여성의 키와 가슴둘레를 조사해서 다음과 같은 사이즈가 나오게 된 것이란다."

엄마가 여성복 사이즈에 대해 설명을 시작하셨어요.

사이즈	44	55	66	77
키(cm)	150	155	160	165
가슴둘레(cm)	82	85	88	91

"그런데 이 수치는 1979년에 조사한 자료라 지금 여성들의 몸과는 맞지 않는 경우가 많아. 특히, 평균 키가 훌쩍 커졌어. 그래서 요즘 의류 회사는 가슴둘레로 상의 사이즈를 많이들 나타내고 있어. 44사이즈를 85, 55사이즈를 90, 66사이즈를 95, 77사이즈를 100, 88사이즈를 105로 표기한단다."

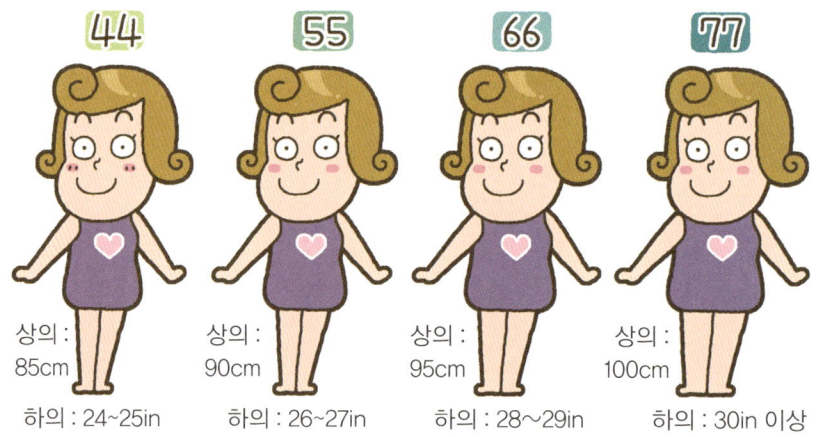

"고마워요, 엄마. 이제 옷 사이즈에 대한 건 잘 알아 둬야겠어요. 아까처럼 괜히 고생 안 하려면요."

"하하하!"

아빠, 엄마, 지현이 모두 탈의실에서 낑낑대던 지현이의 모습을 생각하면서 한바탕 웃었어요.

한 걸음 더

나라별 표준 옷 사이즈

	XS	S	M	L	XL	XXL
한국	44(85)	55(90)	66(95)	77(100)	88(105)	110
미국/캐나다	2	4	6	8	10	12
유럽	34	36	38	40	42	44

1. 지현이 아빠의 상의 사이즈는 XL예요. 그렇다면 지현이 아빠의 가슴둘레는 몇 cm라고 할 수 있을까요?

(   )cm

2. 지현이 아빠는 요사이 부쩍 나온 뱃살 때문에 다이어트를 하기로 마음먹었어요. 바지 사이즈를 36in에서 33in까지 줄이려면 아빠는 허리둘레를 총 몇 cm나 줄여야 할까요?
1in = 2.54cm로 계산해 보세요.

(   )cm

정답 : 1. 105   2. 7.62 (2.54×3=7.62)

수학 읽기

빛의 과학으로 본 색깔

영국의 과학자이자 수학자인 아이작 뉴턴(Isaac Newton, 1642~1726)은 빛을 연구하는 도중 프리즘으로 태양 광선을 분해했어요. 그 결과 태양 광선에는 다양한 색의 광선이 혼합되어 있음을 증명했지요. 즉, 우리가 보는 일곱 가지 무지개 색을 정확하게 찾아낸 거예요. 특히 빛은 여러 색이 섞인 것이고, 파장에 따라 여러 색으로 분리할 수 있다는 것을 보였어요.

또한 이 일곱 가지 색을 비례에 따라 현재 서양 음악의 기초가 되는 7음계로 나누었어요. 빨강을 도(c)로 연결했지요.

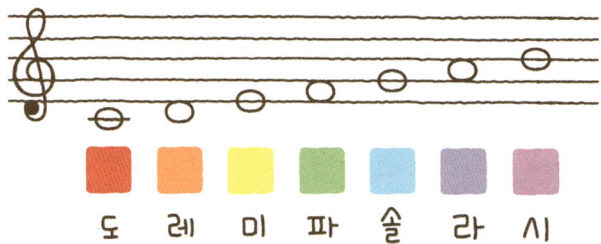

태양 광선, 즉 빛은 빨강, 파랑, 초록을 기본 색으로 하여 많은 가지 수의 빛깔을 만들어요. 이 세 가지 색을 '빛의 3원색'이라고 하는데, 이 중 두 가지를 서로 섞으면 다른 색이 나오고 세 가지를 모두 섞으면 하얀색이 나오지요.

빛의 3원색

빛과 달리 색은 청록, 노랑, 심홍이 기본 색이고, 이 세 가지 색이 혼합되어 여러 가지 색깔이 만들어져요. 미술 시간에 서로 다른 두 가지 색의 물감을 섞으면 다른 색이 되듯이 말이에요. 이때 기본 색인 청록, 노랑, 심홍을 모두 섞으면 검은색이 나온답니다.

색의 3원색

빛에는 우리 눈에 보이는 가시광선(무지개색)외에도 우리 눈으로 볼 수 없는 선들이 있어요. 빨간색만 있다는 선이라는 뜻의 '적외선(赤外線)', 보라색만 있다는 선이라는 뜻의 '자외선(紫外線)'이 바로 그것이죠. 가시광선, 적외선, 자외선을 파장이 짧은 순서대로 나열하면 자외선, 가시광선, 적외선이에요. 아, 자외선보다 파장이 더 짧은 선도 있어요. 바로 엑스레이를 찍을 때 나오는 빛, 'X선'이랍니다.

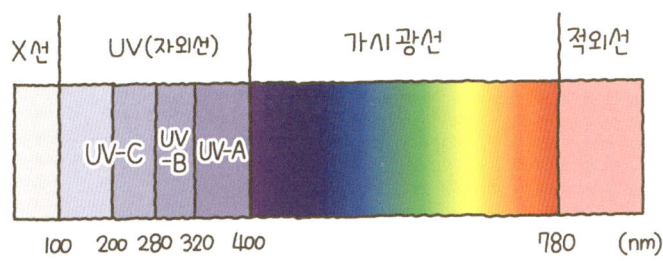

이야기 넷 ④

수학으로 똑똑하게 장 보기

📖 비교하기 / 들이와 무게

간장 사러 가기

지현이 가족은 각자 마음에 드는 디자인과 몸에 맞는 사이즈의 옷을 구입했어요. 예정대로 음식 재료를 사기 위해 마트의 식품 코너로 향했지요.

"냉장 보관할 건 나중에 사고, 냉장고에 안 넣어도 되는 걸 먼저 사는 게 좋겠어요."

엄마의 말과 함께 지현이 가족은 먼저 간장을 사러 갔어요. 문득 지현이는 간장은 어떻게 만드는지 궁금해졌어요.

"엄마, 그런데 간장은 어떻게 만들어요? 방법만 알면 우리도 만들 수 있지 않을까요?"

"글쎄……. 엄마도 어렸을 때 할머니가 간장 만드시던 모습을 잠깐씩 봤을 뿐, 줄곧 간장을 사다 먹어서 어떻게 만드는지 모르겠네."

엄마는 난감한 표정으로 대답하셨지요.

이때 아빠가 태블릿 PC로 인터넷을 열심히 검색하여 간장 만드는 법을 보여 주셨어요.

간장 만드는 법
① 항아리에 메주를 넣고 소금물을 붓는다.
② 항아리에 숯, 마른 고추, 대추를 3~4개씩 띄운다.
③ 40~60일 동안 숙성시켜서 메주와 간장을 분리한다.
④ 간장은 냄비에 담아 약불로 끓여 간장으로 쓰고, 메주는 으깨고 소금을 섞어 된장을 담근다.

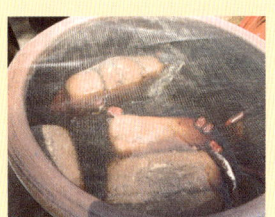

"아, 소금물에 메주를 넣어서 간장을 만드는군요. 그러면서 된장도 같이 만들어지다니 정말 신기해요!"

"그러게. 엄마는 메주로 된장을 만든다는 것은 얼핏 알았는데, 메주로 간장을 만들면서 된장도 같이 만든다는 것은 처음 알았구나."

지현이 가족이 간장 만드는 법을 알아 가는 동안 간장을 파는 코너에 도착했어요.

"음, 어떤 간장이 좋을까?"

엄마와 아빠는 간장을 고르고 계셨어요. 지현이도 이리저리 간장을 살피는데, '양조간장'이라 써 있는 간장도 있고, '국간장'이라고 적혀 있는 것도 있었지요. '간장도 종류가 여러 가지인가?'라는 생각이 들어 엄마, 아빠에게 여쭈어 봤어요.

"엄마, 아빠. 여기 어떤 건 양조간장이라 돼 있고 어떤 건 국간장이라 돼 있는데, 둘은 어떻게 다른 거예요?"

엄마도 그건 잘 모르는 듯 아빠를 쳐다보셨어요.

"그렇다면 다시 폭풍 검색을 해 보지요."

아빠가 다시 인터넷 검색을 시작하셨어요.

"양조간장은 발효 시간을 짧게 해서 만든 개량 간장이고, 국간장은 옛날 전통 방식 그대로 긴 발효 시간을 통해 만든 전통 간장이라고 하는구나."

"아, 그러면 양조간장과 국간장 중 아무거나 고르면 되겠네요?"

지현이가 여러 간장 중 포장지가 고급스러워 보이는 것을 고르려는 순간이었어요.

"아니야, 지현아."

"왜요?"

"엄마도 간장에 대해서 잘은 모르지만, 할머니로부터 배운 게 하나 있어. 우리나라 전통 간장은 '조선간장'이라고도 부르는데, 짠맛이 강하고 색이 진하지 않아서 국에다 넣으면 맛이 좋아진다고 하여 국간장이라고 불러. 양조간장은 짠맛이 덜하고 색이 진해서 나물을 무치거나 조림을 할 때 넣는다고 하셨단다."

"음…… 우리는 만능 간장을 만들 건데, 그럼 어떤 간장을 사야 할까요?"

엄마의 설명에 이어 지현이가 다시 질문했어요.

"만능 간장은 주로 무침이나 조림 요리에 들어가니까 양조간장을 사는 게 좋겠어."

지현이 가족은 양조간장을 사기로 결정했어요. 그런데 결정할 일이 또 있었어요. 바로 간장을 얼마나 사야 하느냐는 것이었죠.

들이의 단위 L, mL

들이는 통이나 그릇 안에 넣을 수 있는 양을 말합니다. 들이의 단위에는 L(리터)와 mL(밀리리터)가 있지요.
1L는 1000mL와 같답니다.

"여보, 1L짜리를 살까요? 아니면 500mL짜리를 살까요?"

아빠의 물음에 엄마가 대답하셨어요.

"제 생각에는 2L 정도는 사야 할 것 같아요."

"엄마, 엄마, 아니에요. 2L는 너무 조금이잖아요. 아빠가 1과 500 사이를 말씀하셨으니까, 딱 중간인 250L를 사요."

"하하, 우리 딸이 아직 L와 mL 단위를 헷갈려 하는구나. 어떤 그릇에 담을 수 있는 양을 들이라고 하는데, 이렇게 생긴 작은 그릇의 들이를 1mL라고 해. 1mL의 1000배는 1000mL가 되겠지?"

"당연하죠. 1에다가 1000을 곱하니까 1000mL가 되겠지요."

"이 1000mL를 1L라고 해. 우리가 100cm를 1m라고 하는 것과 마찬가지인 것이지."

아빠는 태블릿 PC에 상자 모양의 도형을 보여 주며 지현이에게 설명해 주셨어요.

한 걸음 더

들이와 부피

들이와 부피를 똑같이 생각하기 쉽지만, 둘의 개념은 서로 달라요. 하지만 사용하는 단위가 서로 같기 때문에 정확히 구별하기 어려운 경우가 많은 것도 사실이에요. 부피란 '입체가 공간에서 차지하는 크기'이고, 들이는 '그릇 안쪽의 부피'를 말한답니다. 예를 들어, 전체 크기가 비슷한 두 유리컵 중 하나는 두께가 두껍고 다른 한 컵의 두께가 얇다면 첫째 컵에는 둘째 컵보다 적은 양이 들어가겠죠? 즉, 두께가 얇은 컵은 들이가 크고, 두께가 두꺼운 컵은 들이가 작다고 할 수 있어요.

"아빠, 뭐가 이렇게 복잡해요. 언제는 100을 1m로 했다가, 이제는 1000을 1L로 해요? 이렇게 왔다 갔다 하니까 저처럼 사람들이 단위를 헷갈려 하는 것 같아요."

지현이는 투덜거렸어요.

"하하하, 맞아. 각 단위별로 알파벳도 다르게 나오고 이름도 다르니까 어려울 수 있어. 하지만 단위는 우리 생활에서 이렇게 쓰기로 약속한 것이기 때문에 너무도 중요하단다. 그나마 요즘은 단위가 통일돼서 편리하게 사용하게 된 거야.

옛날에는 신체를 가지고 단위를 정한 경우가 많아서 서로 잘못 이해하는 경우가 종종 있었다는구나."

"네? 서로 단위를 잘못 이해했다구요? 그럼 너무 불편했겠어요."

지현이가 눈이 휘둥그레지며 아빠를 쳐다봤어요.

"조금 더 설명을 하면 옛날 이집트에서는 팔꿈치의 길이를 단위로 하는 '큐빗'을 썼고, 영국에서는 요즘에도 쓰는 단위인 발바닥 길이를 활용한 '피트'를 썼단다. 가까운 중국에서는 엄지손가락 끝에서부터 가운데 손가락 끝까지의 길이인 '자'를 사용했어."

"아니, 사람마다 발 크기가 모두 다른데 그러면 길이 기준이 서로 다르잖아요? 그러면 서로 생각한 길이가 다를 텐데……."

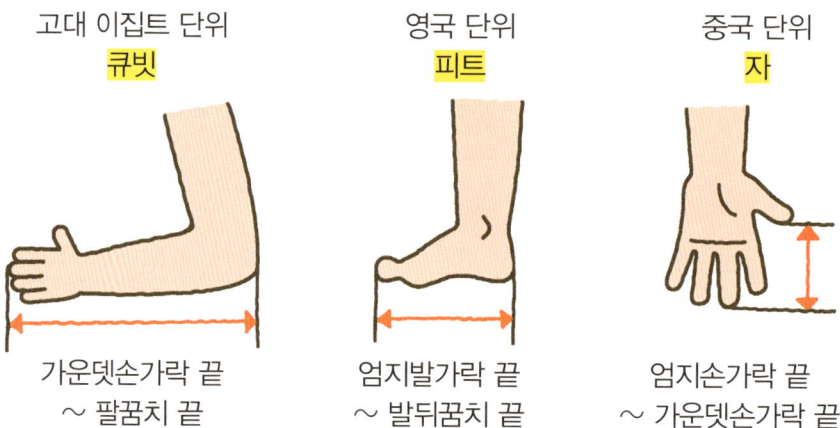

"지현이가 정확하게 알고 있네. 맞아, 그래서 영국에서는 왕이 자신의 발을 기준으로 단위를 세우기도 했단다."

아빠가 웃으면서 설명했어요.

"하하, 그런 시대에 안 태어나서 그나마 다행이에요."

지현이도 같이 웃으면서 말했어요.

"옛날에는 정확하게 재기보다는 서로를 믿으며 더 챙겨 주면서 살았기 때문에 단위의 정확성이 떨어졌을 수도 있어."

옆에 있던 엄마도 아빠의 설명을 거드셨어요. 엄마의 말에 아빠도 고개를 끄덕거리셨어요.

지현이 가족은 엄마의 의견에 따라 국산 콩으로 만든 양조간장 2L를 장바구니에 담았어요.

고기 사러 가기

"이제 만능 간장이랑 햄버거 패티에 넣을 고기를 사러 가 볼까요?"

아빠는 힘차게 말하며 고기 코너를 향해 먼저 걸어가셨어요. 엄마와 지현이는 아빠 뒤를 따라 마트의 이곳저곳을 살피면서 따라갔지요.

지현이 가족은 먼저 돼지고기 파는 곳에 갔어요.

"돼지고기를 1600g 사야 한다고 적어 놨네요. 그럼 약간 여유 있게 돼지고기 세 근을 사면 되겠어요."

엄마는 마트에서 사야 할 목록을 적은 종이를 보며 아빠에게 말씀하셨어요.

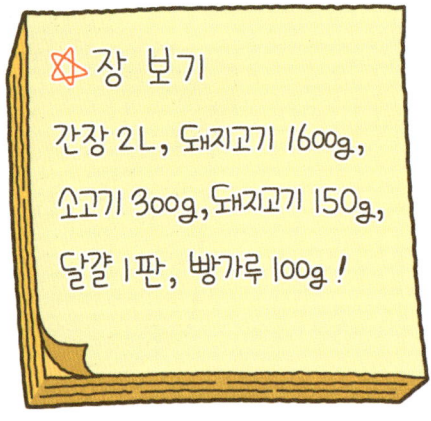

장 보기
간장 2L, 돼지고기 1600g,
소고기 300g, 돼지고기 150g,
달걀 1판, 빵가루 100g !

"어, 엄마! 여기 메모지에 돼지고기가 두 번이나 써 있는데요?"

"에구머니, 만능 간장 만들 때 쓸 돼지고기와 햄버거 패티를 만들 때 쓸 돼지고기를 따로 써 놨구나. 호호호!"

엄마는 웃음으로 자신의 실수를 넘기려고 하셨어요.

"그럴 수도 있지, 하하하. 그래도 엄마가 이렇게 꼼꼼히 메모해 온 덕분에 이렇게 장을 볼 수 있는 거지."

아빠는 은근히 엄마 편을 들며 말씀하셨어요.

"음, 1600g에 150g을 더 사야 하니까, 총 1750g을 사야 하네? 그럼 세 근 정도만 사면 되겠네요."

"그래요. 혹시 모르니까 1600g과 150g, 두 봉지로 포장해 달라고 하세요."

"역시 우리 남편이네, 고마워요!"

"그런데 엄마, 아빠. 1750g을 말씀하시다가 갑자기 왜 '세 근'이라고 말씀하시는 거예요?"

"아하, 지현이가 '근'이라는 단위를 잘 모르는구나. '근'은 옛날부터 우리 조상들이 써 왔던 무게 단위야. 보통 한 근이 600g 정도이지. 그래서 세 근이면 600 곱하기 3, 즉 1800g 정도 되겠지?"

엄마가 지현이에게 차근차근 설명해 주셨어요.

"엄마, 그러면 세 근이라고 하지 말고 요즘 사용하는 kg이나 g으로 정확하게 양을 말씀해 주셔야죠."

"그건 지현이 말이 맞아요."

이번에는 아빠가 지현이 편을 드셨어요.

"여보, 딸 편을 들고……. 서운해요."

엄마가 살짝 아빠를 흘겨보셨어요.

"하하, 그…… 그래요. kg으로 나타내는 것이 맞기는 한데 대부

> **무게 단위 g, kg**
>
> g(그램)과 kg(킬로그램)은 모두 무게 단위예요.
> 1kg은 1000g과 같답니다.

분은 아직도 고기를 살 때 '근'으로 양을 얘기하는 것이 편하단다. 왜냐하면 한 근 정도가 2~3명이 먹기에 적당한 양이라 한 근이라고 하면 어느 정도 양인지 감이 잘 잡히기 때문이야. 반면에 1kg은 양을 어림하기 쉽지 않아서 고기를 근으로 재는 습관이 아직도 남은 것이지."

아빠는 웃으면서 이번에는 엄마 편을 들어 말씀하셨어요.

엄마와 아빠의 말을 듣고 갑자기 생각난 것이 있는 듯 지현이가 갑자기 고기 파는 곳 앞으로 갔어요.

"아저씨, 죄송하지만 돼지고기를 1kg, 600g, 150g 이렇게 세 묶음으로 포장해 주실 수 있나요?"

지현이는 고기 파는 아저씨에게 부탁했어요. 아저씨는 약간 귀찮았지만 고기 1750g을 저울에 달아 지현이가 말한 무게대로 세 묶음으로 나누어 담아 주셨어요.

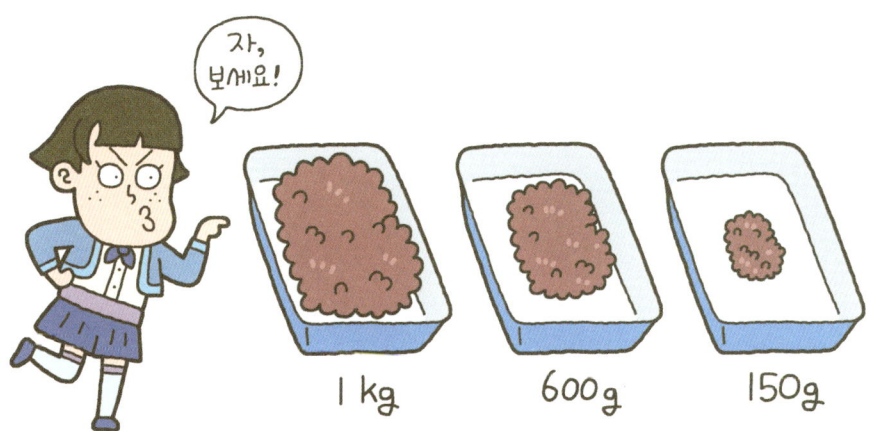

"엄마, 이 정도가 1kg이고, 이 정도가 600g이에요. 그리고 마지막으로 이 정도가 150g이죠."

지현이는 아저씨가 나눠 주신 세 묶음의 고기를 보며 차례대로 설명했어요. 지현이의 갑작스런 행동에 엄마는 놀라시는 한편, 직접 1kg, 600g, 150g을 들어 보니 각각의 무게가 어느 정도인지 느낄 수 있었어요. 그래도 아직은 근으로 표현하는 게 더 편하다고 생각하셨지요. 엄마는 '습관이 참 무섭구나!'라고 생각하셨어요.

지현이 가족은 돼지고기를 장바구니에 담고 옆에 있는 소고기 파는 곳에 갔어요.

"소고기 반 근만 주세요."

"엄마, 또 근으로 말씀하시네요?"

지현이는 엄마의 주문을 또 지적했어요.

"엄마는 아직 습관이 잘 안 고쳐지네………. 지현이는 꼭 근 말고 g이나 kg으로 잘 표현해 보렴."

엄마는 똑똑하고 야무진 지현이가 대견한지 머리를 쓰다듬어 주셨어요.

달걀 사러 가기

고기를 모두 산 지현이와 엄마, 아빠는 달걀을 사러 갔어요.

"이제 달걀 한 판과 빵가루만 사면 돼요."

엄마는 달걀 한 판을 장바구니에 담았어요.

"맞아요. 달걀 한 판은 30개이니까 한 판만 사면 될 것 같아요."

지현이는 의기양양한 표정으로 말했어요.

"그런데, 달걀 한 판이 왜 30개인 줄 아니?"

"음………, 그건 잘 모르겠는데요?"

"하하, 그건 말이지. 여러 이유가 있긴 한데, 가로와 세로를 각각 5줄과 6줄씩 만들어서 달걀을 포장하면 많은 수를 운반하고 보관하기에도 편리하다는 장점 때문이라고 알려져 있어. 요즘에는 여러 가지 개수로 포장해서 자기가 필요한 만큼 포장된 달걀을 사게 돼 있단다. 이참에 단위를 나타내는 우리말을 한번 찾아볼까?"

> **단위를 나타내는 말**
>
> 술: 숟가락으로 떠서 헤아릴 만한 분량
> 움: 손으로 한 줌 움켜 쥘 만큼의 분량
> 두름: 조기, 청어 같은 생선 20마리
> 손: 조기, 고등어 같은 생선 큰 것과 작은 것 두 마리
> 모: 두부와 묵 같은 덩이를 세는 단위
> 접: 채소나 과일 100개
> 톨: 밤, 도토리 같은 것을 세는 단위
> 사리: 국수, 새끼, 실 같은 것을 포개어 감아 놓은 것을 세는 단위
> 꾸러미: 달걀 열 개

아빠는 휴대폰을 꺼내 열심히 검색해서 우리말로 된 단위를 보여 주셨어요.

"그런데, 아빠. 우리말로 된 단위를 아는 것도 좋지만 우리가 생활하는 데 많이 쓰는 kg이나 m 같은 것도 중요하지 않아요?"

"맞아. 아, 130년 만인 2019년 5월 20일에 kg의 정의가 바뀌었단다."

"네? 정의가 바뀌었다고요?"

"그래. 예전에는 변형이 가장 적은 백금과 이리듐을 9 : 1 비율로 만든 금속 막대를 kg의 표준으로 삼았는데, 변하지 않는 '플랑

크 상수'라는 것으로 kg의 표준이 바뀌었어."

"플랑크 상수요?"

"하하, 플랑크 상수는 너무 어려운 개념이라 자세히 알 필요는 없어. 이렇게 kg의 표준이 새롭게 바뀌었다는 것만 명심해 두렴."

한 걸음 더

새로운 kg 표준

kg(킬로그램)은 1889년에 질량의 표준이 된 후, 킬로그램 원기라고 부르는 금속 덩어리의 질량을 1kg이라고 정의했어요. 이후 킬로그램 원기의 표면이 오염되어 질량이 조금씩 증가하는 문제가 발생하여 정해진 방법으로 세척한 직후에 사용하도록 정했어요. 이 킬로그램 원기는 90%의 백금과 10%의 이리듐 함금으로서, 원기둥 모양이에요. 지름과 높이는 각각 39mm이지요. 2018년 11월에 열린 국제회의에서 변하지 않는 '플랑크 상수'를 써서 kg의 정의를 바꿨답니다.

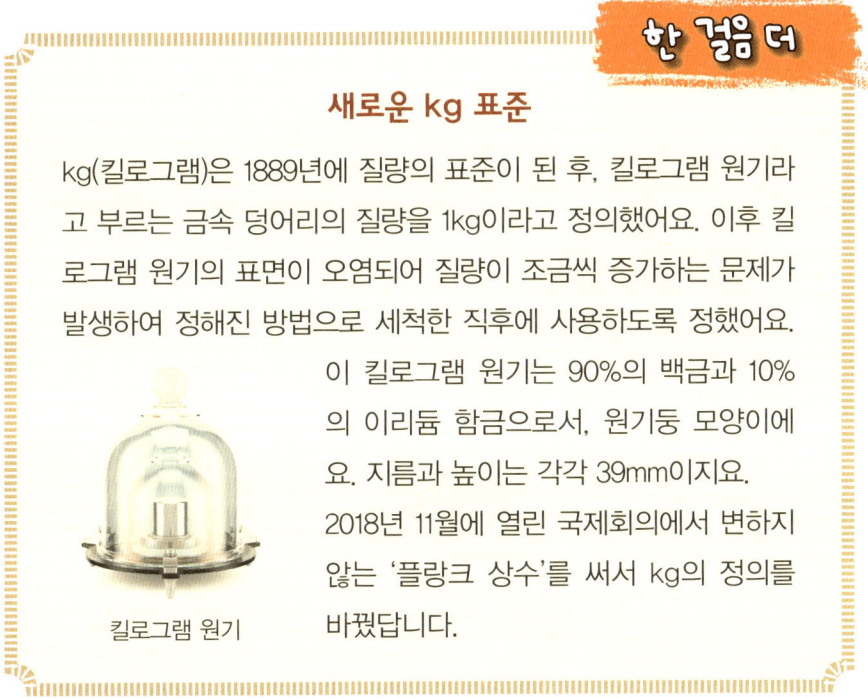

킬로그램 원기

"후유, 세상에는 단위도 많은데, 그중에 알아야 할 단위도 많네요."

지현이가 고개를 저으며 말했어요.

"하하, 그렇지. 세상에는 단위를 포함하여 많은 약속이 있어. 그리고 그렇게 정해 놓은 약속들을 우리가 잘 지켜야 여러모로 생활이 편리해지거든."

아빠는 지현이를 토닥거리며 말씀하셨어요. 단위에 대한 설명이 끝나자 아빠는 장바구니를 들고, 엄마는 지갑을 꺼내면서 계산대로 향하셨어요.

1. 다음 우유갑의 들이는 1000mL예요.
   이 우유갑에는 총 몇 L의 우유가 들어갈까요?

(   )L

2. 엄마가 소고기 두 근을 사려고 한다면 모두 몇 g의 소고기를 사야 하나요?

(   )g

정답 : 1. 1 2. 1200

옛날의 들이 알아보기

들이란 통이나 그릇의 안에 넣을 수 있는 물건이 차지하는 부피의 최댓값을 말하는 것으로, 주로 액체의 양을 재는 단위로 사용돼요.

과거 우리나라에서는 곡식 등의 가루나 술 같은 액체의 부피를 잴 때 홉, 되, 말, 섬 등의 들이 단위를 사용했어요.

홉은 성인이 두 손을 모아서 오므린 다음 그 속에 들어갈 수 있는 양을 가리키는 것으로 약 180mL에 해당해요. 되는 한 홉의 열 배인 약 1.8L에 해당해요. 말은 한 되의 열 배인 약 18L예요. 그리고 섬은 한 말의 열 배로, 약 180L에 해당하지요. 되는 부피를 재는 도구를 부르는 말이기도 해요. 되는 가로, 세로, 높이의 크기가 148,485mm×148,485mm×81,818mm인 사각형 틀이에요. 말도 부피를 재는 도구로서, 지름은 250~320mm, 높이는 320~430mm인 원통형 그릇이예요.

되

말

홉(약 180mL) ⇨ 되(약 1.8L) ⇨ 말(약 18L) ⇨ 섬(약 180L)
　　　　　　10배　　　　　　10배　　　　　10배

옛날의 무게 알아보기

무게란 지구가 물체를 끌어당기는 힘을 말해요. 그래서 무게는 지구의 서로 다른 장소에서 다르게 나타날 수 있어요.

과거 우리나라에서는 돈, 냥, 근, 관 등의 무게 단위를 상황에 따라 다르게 하여 사용했어요. 돈이나 냥은 금, 은, 한약재의 무게 단위를 나타내는 것으로 한 돈은 약 4g, 한 냥은 약 40g이에요.

근은 육류의 무게 단위를 나타낼 때와 채소의 무게를 나타낼 때 기준이 달라져요. 고기는 약 600g, 과일이나 채소의 무게를 나타낼 때에는 약 400g이 한 근이에요. 관은 동전 1천 닢을 꿴 한 꾸러미를 기준으로 정한 무게 단위로 근의 10배인 약 4kg이에요.

돈(약 4g) ⇨ 냥(약 40g) ⇨ 근(약 400g, 약 600g) ⇨ 관(약 4kg)
10배   10배   10배

옛날 막대저울(고리에 물체를 매단 후 막대에 매달려 있는 추를 양쪽으로 옮겨 가면서 막대가 수평이 되었을 때 추의 무게와 막대의 눈금을 따져서 물체의 무게를 잼)

5 이야기 다섯

영수증 속 수 읽기

📖 큰 수 / 수의 범위와 어림하기

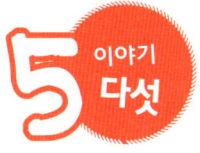

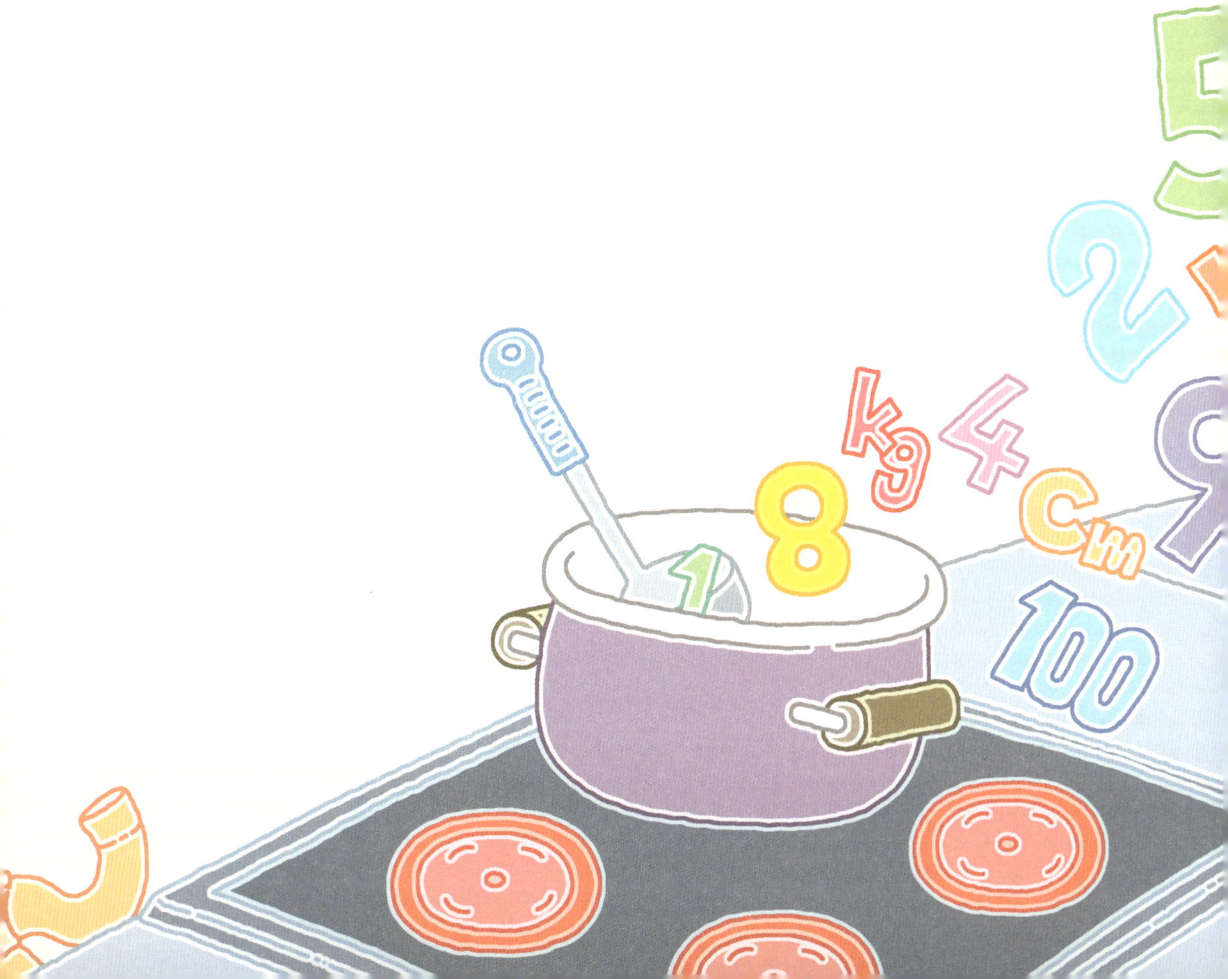

990원에 마음이 가다

계산대로 가던 아빠가 세일 코너에서 달걀 한 판에 3990원이라는 것을 보고 걸음을 멈추셨어요.

"여보, 여보. 달걀 한 판이 4000원도 안 하네요? 정말 싸다. 저걸로 바꿔서 삽시다."

아빠는 엄마에게 아까 장바구니에 넣었던 달걀을 갖다 놓고 3990원짜리 달걀을 사자고 말했어요. 엄마는 어처구니없다는 듯이 아빠를 쳐다보셨지요.

"여보, 정신 차리세요. 당신은 수학을 전공했는데, 어떻게 990원 상술에 그리 쉽게 넘어갈 수 있어요?"

990원의 경제학

990원, 1900원, 2900원, 9900원, ……. 우리 주변에서 흔히 볼 수 있는 가격표예요. 소비자는 대개 990원을 1000원보다 훨씬 싼 가격으로 인식하지만, 실질적인 차이는 10원에 불과하지요. 겨우 10원이나 100원을 깎은 것이지만 소비자는 이 가격에 흔들려 충동구매를 많이 하곤 해요. 사람들은 왜 10원, 100원이 할인된 990원, 1900원 같은 가격에 마음이 더 가는 걸까요? 미국 콜로라도 주립대 매닝 박사와 워싱턴 주립대 스프로트 박사가 물건을 사는 사람들이 왜 이와 같은 가격에 마음이 흔들리는지 연구하고, 그 결과를 '소비자 연구 저널'이라는 곳에 발표했어요. 소비자들이 가격표의 첫 자릿수, 즉 가장 높은 자리에 있는 숫자가 무엇인지에 민감하게 반응한다는 것을 알게 됐고, 이를 '왼쪽 자리 효과'라고 했지요. 미국에서는 1.99달러, 10.99달러와 같이 상품에 9자로 끝나는 가격들을 많이 붙여서 팔고 있으며 이 전략은 실제로 마케팅 효과가 있다고 해요.

"여보, 가격만 보지 말고 크기도 봐야지요. 달걀은 크기가 큰 순서대로 왕란, 특란, 대란과 같이 표시해요."

"아하, 그렇군요."

"3990원짜리 달걀은 크기가 '대란'이라고 표시돼 있네요. 아까 우리가 고른 달걀은 4800원짜리 '특란'이에요. 그렇다면 싸고 작은 달걀을 살 것인지 아니면 크고 비싼 것을 살 것인지를 생각해야죠. 저는 조금 큰 게 좋으니까 돈을 더 주고 4800원짜리 특란을 살래요."

"하하, 좋아요. 아주 현명한 선택 같아요."

엄마의 조리 있는 설명에 아빠도 공감하셨어요.

"그리고 보면 요즘에는 정말 우리의 눈과 마음을 빼앗는 방법을 연구하는 것 같군. 3990원이라고 보면 4천원보다 많이 싼 것처럼 느껴지지만, 결국 10원 차이밖에 안 나니까 말이야. 역시 천천히 꼼꼼하게 따져 봐야 한다니까!"

아빠는 혼잣말을 하면서 엄마를 따라 계산대로 향하셨어요.

얼마나 샀는지 어림하기

엄마는 장바구니에 담았던 음식 재료를 계산하고 나오면서 영수증을 받으셨어요.

"계산 내용이 맞는지 확인해 주시기 바랍니다."

계산원이 엄마에게 친절히 말했어요.

"텔레비전에 나오는 암산 영재들은 좋겠어요. 이런 영수증을 보면 계산이 맞게 됐는지 바로 알 수 있을 테니까요."

계산을 끝낸 엄마가 영수증을 바라보며 말씀하셨어요.

"그럴 수도 있지요. 하지만 보통 사람들도 영수증을 보고 계산이 맞았는지 쉽게 확인할 수 있어요."

"어떻게요? 아빠는 수학 전공자니까 바로 계산할 수 있지 않으세요?"

옆에 있던 지현이가 아빠에게 물었어요.

"하하, 수학을 잘한다고 해서 반드시 계산을 잘하지는 않아. 그리고 아빠도 영수증을 눈으로만 보고 바로 정확한 총액을 계산할 수는 없단다."

"에이, 그럼 계산이 맞았는지 어떻게 알 수 있어요?"

"그건 말이지……. 바로 수를 어림하면 돼."

"어림이요?"

지현이가 갸우뚱한 표정으로 아빠를 바라봤어요.

"그래. 어림은 어떤 값을 짐작해서 그 값과 비슷한 값을 찾는 것을 말해. 예를 들어, 198 더하기 103의 정확한 값은 301이지만 198을 200으로 어림하고 103을 100으로 어림하면 198＋103은 대략 300 정도일 것이라고 생각할 수 있지. 이런 걸 어림이라고 하는 거야. 좀 더 구체적으로 말하면 올림, 버림, 반올림 등의 방법으로 어림을 할 수 있어.

> **올림, 버림, 반올림**
>
> **올림** : 구하려는 자리 미만의 수를 올려서 어림하는 방법
>
> **버림** : 구하려는 자리 미만의 수를 버려서 어림하는 방법
>
> **반올림** : 구하려는 자리 바로 아래 자리의 숫자가 0, 1, 2, 3, 4이면 버리고, 5, 6, 7, 8, 9이면 올려서 어림하는 방법

"아빠, 그것도 수학이에요?"

"그럼, 아마 지현이가 5학년이 되면 배울 거야."

"저는 아직 4학년이라고요. 그런 걸 어떻게 알아요?"

지현이가 아빠에게 투덜거렸어요.

"하하, 미안. 내용이 너무 어려웠지? 쉽게 말해 어림은 계산하기 쉽게 대강 어떤 수와 가까운 수로 생각하는 거라고 보면 돼."

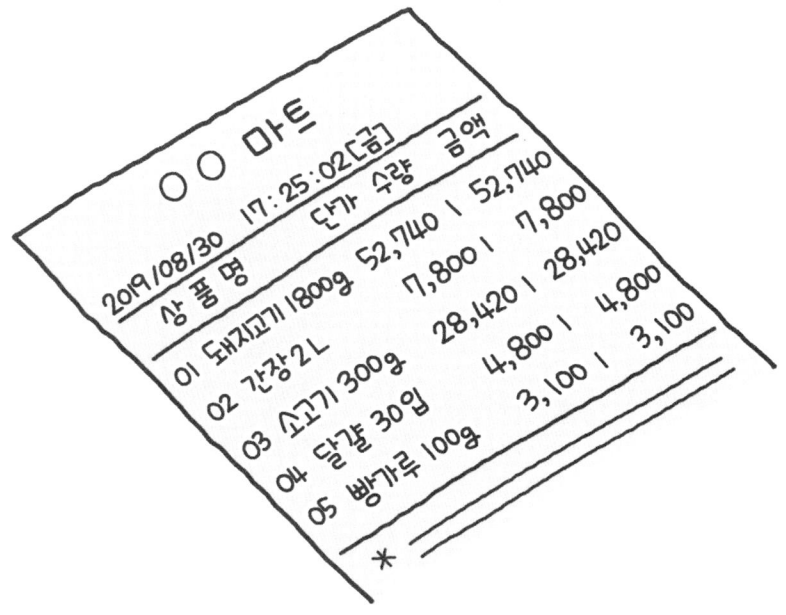

"그러면 영수증에서는 어떻게 어림할 수 있어요?"

"각 항목의 가격을 천 원 단위로 생각해 보자. 간장 가격 7800원은 7000원과 8000원 사이에 있지? 그렇다면 이 가격은 7000원과 8000원 중 어디에 더 가까울까?"

"그야, 8000원에 가깝죠."

아빠의 물음에 지현이가 바로 대답했어요.

"그래, 바로 그거야. 이렇게 각 항목을 천 원 단위로 어림해서 나타내는 거지. 그리고 나서 각각을 모두 더하면 훨씬 계산이 쉬워지겠지?"

"아빠 말은 맞는 것 같아요. 그런데 이렇게 계산하면 정확한 값이 안 나오잖아요. 그러니까 오히려 잘못 계산하는 것 아니에요?"

"그럴 수도 있어. 하지만 이렇게 계산을 해 두면 내가 구한 값이 영수증에 나온 총액과 터무니없이 차이가 나는지 바로 확인할 수 있지."

"그렇겠네요. 하여튼 아빠는 이곳저곳에 수학 갖다 붙이기 대왕인 것 같아요, 하하."

"아빠가 일부러 갖다 붙인 게 아니라 원래 생활 속에는 수학이 많이 녹아 있어. 우리 딸도 수학 공부 열심히 해서 세상에 숨겨져 있는 수학을 찾아보렴."

"노력해 볼게요. 무엇보다 수학이 여러모로 많이 쓰인다는 것은 확실히 알게 됐어요."

아빠는 부쩍 늠름해진 지현이를 흐뭇하게 쳐다보셨어요.

영수증에 있는 큰 수 읽기

지현이와 아빠가 수학에 대한 대화를 나누고 있는 사이에 엄마가 영수증을 보면서 아빠에게 말씀하셨어요.

"거기 수학하시는 분, 전 영수증을 볼 때마다 짜증이 나요."

엄마의 짜증스런 말투에 놀란 아빠가 물었으셨요.

"아니, 왜 갑자기 영수증을 보면 짜증이 난다고 말씀하실까?"

"영수증에 있는 금액은 항상 세 자리마다 쉼표(,)가 표시돼 있잖아요?"

옆에 있던 지현이는 엄마의 말이 잘 이해되지 않았어요.

"그게 왜 문제가 돼요?"

"이 자릿점 때문에 얼마인지 헷갈릴 때가 많아. 예를 들어, 십만 원을 '10,0000원'이라고 쓰면 더 읽기 쉽지 않겠니?"

"와, 우리 엄마 천재! 맞아요. 백만 원을 '100,0000원'이라고 하면 쉼표 앞에 100이 있으니까 바로 백만 원이라고 알 수 있겠어요. 그런데 영수증에는 그렇게 안 나와 있어요?

엄마의 설명에 감탄한 지현이는 영수증을 가지고 와서 살펴봤어요. 지현이도 영수증 속 수들의 세 자리마다 쉼표가 있다는 걸 발견하고는 이상하다는 생각이 들었지요.

"엄마와 지현이가 놀라운 발견을 했네! 맞아, 세 개보다는 네 개씩 구분하여 쉼표를 넣는 것이 우리나라 돈을 셀 때는 더 유리해. 하지만 전 세계에서는 숫자 세 개마다 쉼표, 즉 자릿점을 찍고 있단다. 영어가 대표적인 예이지. 또한 여러 단위의 경우도 세 자리마다 자릿점을 찍는 것이 더 편해. 예를 들어, 1,000m에서 0을 세 개 지우면 1km로 바로 단위 변환이 되지. 마찬가지로 1,000mL는 1L가 되고, 1,000g은 1kg이 되기 때문에 우리나라에서도 이렇게 세 자리마다 자릿점을 찍는 방법을 쓰고 있단다."

"아하, 그렇군요. 수학에는 참 많은 약속이 있는 것 같아요."

아빠의 설명을 듣고 나니 지현이는 자릿점에 대한 의문이 풀렸어요.

"하하, 지현이가 수학에 대해 많이 알게 된 것 같은데?"

아빠는 어려운 내용도 잘 이해하는 지현이가 기특해서 이번에도 지현이 머리를 쓰다듬어 주셨어요.

지현이 가족은 마트에서 장을 모두 보고 집으로 돌아왔어요. 그리고 만능 간장과 햄버거 패티를 만들며 행복한 시간을 보냈지요. 내일은 새 옷을 입고 어디로 나들이를 갈지 정하면서 말이에요.

1. 다음은 지현이가 영수증에 있는 금액을 천 원 단위로 어림하여 나타낸 거예요. 소고기와 빵가루는 각각 얼마로 생각하면 될까요?

소고기 (   )원

빵가루 (   )원

2. 다음은 어느 음식점 메뉴판의 일부예요. 각 김밥의 가격에 자릿점을 찍어 보세요.

정답 : 1. 28,000, 3,000
2. 1,500원 / 2,000원 / 2,500원 / 3,000원 / 5,500원

수학 읽기

우리나라에서 1년 동안 쓰는 돈

국회의사당

우리나라 정부에서 1년 동안 쓰는 돈은 얼마일까요? 정부에서 1년 동안 쓸 돈을 미리 계산해 놓는 것을 '예산'이라 하고, 나중에 제대로 썼는지를 살펴보는 것을 '결산'이라 해요. 우리나라의 2019년 예산은 469575200000000원이랍니다.

갑자기 469575200000000원이라고 하니까 얼마인지 읽기가 어렵지요? 그래서 나라마다 큰 수를 읽는 방법들이 있어요. 여러분도 해 봤겠지만 우리나라의 경우 '일, 십, 백, 천, 만, 십만, 백만, 천만, 억, 십억, ……'과 같이 읽어요.

1	2	3	4	5	6	7	8	9	0	0
백억	십억	억	천만	백만	십만	만	천	백	십	일

예를 들어, 12345678900을 위와 같이 표시하면 '백이십삼억 사천오백육십칠만 팔천구백'이라고 쉽게 읽을 수 있어요.

우리나라의 큰 수 읽기 방법을 찾았나요? 네, 바로 네 자리 수마다 새로운 말이 나오는 거예요. '일, 십, 백, 천' 다음에 '만, 십만, 백만, 천만', 그리고 다음에 '억, 십억, 백억, 천억'과 같이 네 자리 수마다 새로운 단어 '만', '억', 등이 나오는 것이지요. 이 방법대로 우리나라의 2019년 예산을 한번 읽어 볼까요?

469	5752	0000	0000 원
조	억	만	

2019년 우리나라 한 해 예산은 '사백육십구조 오천칠백오십이억 원'이에요. 숫자로만 쓰기에도 너무 길고, 한글로 나타내기에도 너무 길어요. 그래서 이렇게 큰 수는 보통 '469조 5752억 원'이라고 간단하게 나타내기도 한답니다.

여러분도 연말 즈음 뉴스에 나올 우리나라의 내년 예산이 얼마나 되는지 정확하게 읽어 보는 건 어떨까요?